Ail-Greu
Delweddu ein Gorffennol

Mark Redknap

Cynnwys

Cyflwyniad

Mae'r archaeolegydd a'r hanesydd, ill dau, hefyd yn wyddonwyr ac yn arlunwyr. Eu nod gyntaf yw chwilio am y gwir diduedd, gan ddinoethi pob dim sy'n ffals. Ond fel yr arlunydd, maent hefyd yn ceisio bwrw goleuni'r dychymyg ar y gwir.

Y Gwir Anrhydeddus Arglwydd Harlech, 1949 (Llywydd Amgueddfa Genedlaethol Cymru 1937-42)

Ydych chi wedi dychmygu erioed sut olwg a fu, unwaith, ar ryw furddun o anheddle a'i drigolion? Mae archaeoleg yn cynnig tystiolaeth am fywydau pobl drwy'r oesoedd, yn unigolion yn ogystal â chymunedau a chenhedloedd. Mae'n tynnu ar adnoddau ein dychymyg i bontio'r canrifoedd, ac i ddod â ni'n nes at ein hynafiaid a'u ffordd o fyw. Fel arfer dyma'r cam olaf mewn proses o ddatrys pos sy'n ddigon tebyg i waith ditectif: dod o hyd i gliwiau a rhoi'r dystiolaeth at ei gilydd i ail-greu'r hyn a ddigwyddodd yn y gorffennol. Mae sawl awdur wedi cydnabod y tebygrwydd rhwng datrys dirgelion troseddol ac archaeoleg, ac yn eu plith Wilkie Collins, Syr Arthur Conan Doyle ac Agatha Christie, a ysgrifennodd: 'Mi fyddech chi wedi gwneud archaeolegydd da, M. Poirot. Mae gennych chi'r ddawn i ail-greu'r gorffennol' *(Murder in Mesopotamia* 1936 (1979), 188). Mae archaeoleg yn ein cymell ni drwy'r adeg i ailwerthuso ein syniadau am y gorffennol, naill ai yn sgil darganfyddiadau newydd neu trwy ddefnyddio technegau newydd. Mae'n cynnig tystiolaeth am fywydau pobl drwy'r oesoedd ac yn tynnu ar ein dychymyg i bontio'r canrifoedd.

Gall ailgreadau archaeolegol dynnu ar nifer o wahanol dechnegau: paentiadau, darluniau, modelau, replicâu, adferiadau, ail-lwyfannu digwyddiadau, ailgreadau o wynebau a delweddu cyfrifiadurol 'rhithwir'. Gall pob un o'r dulliau hyn fod yn gymorth i osod y cruglwyth cymhleth o dystiolaeth archaeolegol mewn cyd-destun corfforol a chymdeithasol y gall y lleygwr ei ddeall yn rhwydd. Mae'r gyfrol hon yn amlinellu rhai o'r dulliau hyn ac yn dangos sut mae ein syniadau am y gorffennol yn cael eu diwygio drosodd a thro.

Mae'r enghreifftiau o'r golygfeydd a ailgrëwyd a welir yma yn amrywio o ran dyddiad o'r cyfnod cynhanesyddol cynnar hyd ddechrau'r ail ganrif ar bymtheg. Comisiynwyd llawer o'r rhain gan sefydliadau sy'n chwarae rhan allweddol ym maes dehongli archaeoleg a safleoedd hanesyddol yng Nghymru. Crëwyd rhai o'r 1930au ymlaen ar gyfer Amgueddfeydd ac Orielau Cenedlaethol Cymru, er mwyn rhoi gwybod i ymwelwyr am nodweddion safleoedd archaeolegol yng Nghymru. Detholwyd eraill o blith y rhai hynny y bu Cadw: Welsh Historic Monuments yn ymchwilio iddynt o ganol y 1980au ymlaen yn sail i'r darluniau sydd yn eu llawlyfrau a'u harddangosiadau dehongliadol ar y safleoedd eu hunain. Bydd cyrff eraill, fel Comisiwn Brenhinol Henebion Cymru a phedair Ymddiriedolaeth Archaeolegol Cymru, hefyd yn defnyddio llawer ar ailgreadau archaeolegol wrth ddod â'r gorffennol yn fyw.

Braslun gan Tony Daly (pensel ac inc, 1995) gyda nodiadau ar gyfer golygfa ddychmygol o gladdedigaeth yn dyddio o gyfnod tua 4,000 o flynyddoedd yn ôl. Yn ystod yr Oes Efydd Cynnar, gosodwyd y corff marw ar ei gwrcwd mewn bedd wedi'i leinio â slabiau cerrig. Ym medd dyn pwysig gosodid gwrthrychau fyddai angen arno yn y byd nesaf. Gall y fath ddarluniau ddod â chyd-destun mwy dynol i dystiolaeth archaeolegol moel.

Castell Dolwyddelan, Conwy, fel yr edrychai o bosib yn ystod rhan olaf y drydedd ganrif ar ddeg, gan Chris Jones-Jenkins (dyfrlliw ac inc, 1994). Dangosir bylchfuriau'r tŵr isaf a'r llenfur wedi'r gwaith adfer, gydag agennau saethau. Paratowyd y darlun hwn gyntaf mewn inc ar ffilm drasio ac yna ei gopïo ar bapur dyfrlliw cyn ei liwio. (Cadw)

Ailgread o'r prif borth i'r fryngaer o Oes yr Haearn yn Llanmelin, Sir Fynwy, gan Alan Sorrell (1940). Nid yw celfyddyd yng ngwasanaeth archaeoleg o reidrwydd yn brin o fywiogrwydd a dyfnder mynegiant gweledol, ac mae'r olygfa hon ger y porth i'r fryngaer yn defnyddio grwpiau o bobl fywiog yr olwg i greu digwyddiadau dychmygol. (Amgueddfa Genedlaethol Cymru)

Cyfrwng yn Datblygu

DARLUNIO'R GORFFENNOL: Y SAFBWYNT DYRCHAFEDIG

Heb ddarlunio neu gynllunio, cau ac amherffaith yw unrhyw Astudiaeth ar Henebion neu unrhyw Wyddor arall.

Y Parchedig William Stukeley (1687-1765), Llyfr Cofnodion Cymdeithas Hynafiaethwyr Llundain, wedi 1725 (*Society of Antiquaries* MS 268, ffol. 2r)

Mae'r darlun hwn o godi Tŵr Babel, o lawysgrif Ffrengig o'r gyfrol La Bible Hystoriaulx, sy'n dyddio o ddechrau'r bymthegfed ganrif, yn dangos sut roedd meddylfryd yr Oesoedd Canol yn dychmygu'r gorffennol yn nhermau'r 'presennol': gwisg, dulliau ac arddulliau adeiladu'r Oesoedd Canol sydd yma. (Llyfrgell Brydeinig Frenhinol 15 DIII ffol. 15v)

M ae i ail-greu hanesyddol hanes hir. Gorwedd ei wreiddiau yng nghelfyddyd weledol Ewrop yr Oesoedd Canol, a delweddau chwedlonol, crefyddol a hanesyddol y cyfnod hwn. Dylanwadwyd ar ddarlunwyr yr oes - fel heddiw - gan gonfensiynau celfyddydol a dyfnder eu dealltwriaeth o'r pwnc. Yn ystod yr Oesoedd Canol, gwelwyd y gorffennol yn nhermau'r presennol, trwy'r Beibl, croniclau a chwedlau. Dangos manylion cyfoes yn hytrach na rhai hanesyddol y mae'r darluniau o'r Brenin Arthur chwedlonol o gopi deuddegfed-ganrif o *Frut y Brenhinoedd* Sieffre o Fynwy, a minaturau o gyfnodau diweddarach yn yr Oeseodd Canol sy'n dangos gwahanol ddigwyddiadau yn y rhamantau Arthuraidd. Dim ond yn y bymthegfed ganrif y dechreuwyd deall a chydnabod y gwahaniaeth rhwng gwahanol gyfnodau. Dechreuodd y traddodiad o arddel safonau uwch o gywirdeb wrth baentio testunau clasurol wrth i bobl ymroi i astudio hynafiaethau yng nghyfnod y Dadeni. Arweiniodd darganfyddiadau yn ystod y ddeunawfed ganrif, fel y rhai yn Herculaneum (o 1711 ymlaen) a Pompeii (o 1748), at gywirdeb manylach fyth. Mae modd olrhain effaith amrywiol gonfensiynau a delweddau, a'r modd y cyflyrwyd y dychymyg, trwy olrhain gwahanol fersiynau o'r un olygfa.

Roedd llawer o'r delweddau cynnar hyn yn well adlewyrchiad o'r gymdeithas a'u cynhyrchodd nag o'r gorffennol a ddarlunient. Mae hyn i'w weld mewn darluniau cynnar o fywyd yn y cyfnod 'cynhanesyddol'. Cyn i ddealltwriaeth lawnach o gynhanes ddatblygu, dibynnai arlunwyr gan fwyaf ar ffynonellau clasurol. Roedd eiconograffeg Feiblaidd, megis fersiynau o'r Oesoedd Canol o linach dyn ers y Creu, yn dra dylanwadol ac yn cynnig model ar gyfer pryd a gwedd dyn yn y cyfnod cynhanesyddol. Cyfrannodd arlunwyr y Dadeni at eiconograffeg o ddechreuadau dyn gyda darluniau pwerus a chwbl ddychmygol o fythau Groegaidd a Rhufeinig clasurol am ein datblygiad. Dylanwadwyd ar lawer o ddarlunwyr y bedwaredd ganrif ar bymtheg gan yr awydd i olrhain hynt a chynnydd diwylliant y gorllewin o'r cyfnod pan oedd dynion yn ddim ond 'anwariaid' yn eu cwman wrth geg eu hogofâu, yn hanner-noeth ar wahân i groen ambell i anifail ac yn ddi-arf ar wahân i ambell i bastwn. Roedd y ddelwedd o'r rhyfelwr barbaraidd fel 'anwariad doeth' yn ddylanwadol, ac yn sgil dyfod damcaniaeth Darwin am esblygiad i amlygrwydd yn ystod y bedwaredd ganrif ar bymtheg, am ryw gyfnod delweddwyd y dynion cynnar ar ffurf bodau yn debyg i epaod. Erbyn diwedd y ganrif, yr oedd ymwybyddiaeth hanesyddol wedi datblygu a chyfraniad gwybodaeth newydd gan archaeolegwyr, ethnograffwyr a hynafiaethwyr yn cynyddu, er y gallai dehongliadau ar sail yr un wybodaeth amrywio'n fawr rhwng y naill a'r llall.

Adda ac Efa, o Gronicl Nuremberg (torlun pren, 1483). Yn ôl y Beibl, creodd Duw y ddau yn bobl yn eu llawn dwf. Bydd delweddau canoloesol ohonynt wedi iddynt gael eu halltudio rhag Gardd Eden yn aml yn dangos Adda yn trin y tir, ac Efa, wedi ei dilladu ac yn edrych yn debyg i'r Forwyn Fair, yn magu plant bychain. (Llyfrgell Brydeinig I.C. 7452)

Torlun pren o'r tywysog Llywelyn ap Gruffudd (tua 1225- 82), wedi ei wisgo mewn arfwisg o fath Rhufeinig. Yn absenoldeb unrhyw bortread o'r gwrthrych, tynnai llawer o arlunwyr ar yr un stoc o ddelweddau o ryfelwyr. Yn aml byddent yn cynnwys manylion anacronistig am arfau a gwisgoedd. Mae'n edrych yn debyg mai ffynhonnell wreiddiol y torlun hwn yw'r engrafiad pren o Lywelyn yn The Historie of Cambria *(1584) gan David Powel. (Amgueddfa Genedlaethol Cymru)*

Mae 'Hen Frythoniaid' gan Lucas de Heere (dyfrlliw, tua 1575), yn dangos y defnydd ar baent i liwio'r corff, tariannau hir, gwaywffon a ddaw o ffynonellau clasurol a chleddyf o gyfnod diweddarach. O'i gyfrol Corte Beschryvinghe van England, Scotlande, ende Irland *(1660). (Llyfrgell Brydeinig, MS Ych. 28330)*

Acwatint gan Robert Havell o 'Frython o'r Mewndir' o gyfrol Samuel Rush Meyrick a Charles Hamilton Smith, The Costume of the Original Inhabitants of the British Islands, from the earliest periods to the sixth century *(Llundain, 1815). Dyma enghraifft gynnar o gynnwys manylion archaeolegol: mae gan yr 'anwariad barbaraidd nobl' darian o Oes yr Efydd, bwyell socedog a meingleddyf wedi ei fowntio fel gwayuffon. (Amgueddfa Genedlaethol Cymru)*

'Saethwr a Chroesfwäwr OC 1250', o'r gyfrol gan Syr Samuel Rush Meyrick (1783–1848) o'r enw A Critical Inquiry into Antient Armour as it Existed in Europe, but particularly in England from the Norman Conquest to the Reign of King Charles II *(Llundain, 1824). Prif nod Meyrick oedd sefydlu cronoleg ar gyfer arfwisgoedd, ac i gyflwyno 'i baentiadau a darluniau o bob math y cywirdeb hanesyddol hwnnw yr oedd ein cyndeidiaid yn gyfarwydd ag ef'. (Amgueddfa Genedlaethol Cymru)*

PAENTIO HANES

Fel yr hanesydd, mae gofyn i'r arlunydd hanesyddol adrodd gwirioneddau cyffredinol, trwy ddarlunio ffeithiau penodol mewn modd hynod o fyw: mae gofyn iddo osod ein hynafiaid o'n blaenau yn holl nodweddion eu gwisg a'u hamser nes iddynt ymddagos i ni fel bodau o gig a gwaed.

Art Union, 1843

O ganol y ddeunawfed ganrif ymlaen, dylanwadwyd ar arlunwyr ym Mhrydain gan lenyddiaeth ac astudiaethau hynafiaethol ar arteffactau, gwisgoedd, portreadau, cerflunwaith, pensaernïaeth a dodrefn. Dechreuodd paentwyr osod cymeriadau o'r Oesoedd Canol yn eu cyd-destun hanesyddol cywir, ac roedd cyhoeddiadau fel yr engrafiadau yng nghyfrol Joseph Strutt, *Complete View of the Dress and Habits of the People of England* (1796-99), yn ffynonellau gwerthfawr. Anogai Cymdeithas yr Hynafiaethwyr yr arfer o archwilio'r hyn a alwent y *'Relickes of former Ages'*, ac yn ystod y ddeunawfed ganrif a dechrau'r bedwaredd ganrif ar bymtheg roedd nifer o arlunwyr, penseiri a cherflunwyr dylanwadol yn Gymrodyr i'r gymdeithas. Bu'r portreadau gan engrafwyr fel George Vertue (1684-1756) a'r Cymro Robert Vaughan (a fu'n gweithio tua 1622-66), yn ffynonellau portreadau cywirach i baentwyr hanesyddol. Sylweddolai arlunwyr bellach y gallent 'agor ffenest' i'r cyhoedd ar ddigwyddiadau hanesyddol enwog.

Yn ôl damcaniaethau diwylliannol y ddeunawfed ganrif, paentio 'hanesyddol' oedd y math mwyaf aruchel o gelfyddyd y gallai arlunwyr ymgyrraedd ati, fel y dengys y gwobrau a gynigid gan yr Academi Frenhinol (sefydlwyd 1768) am luniau ar destunau hanesyddol. Roedd cynnwys delweddau o'r fath yn wahanol iawn i luniau tebyg heddiw, oherwydd hyd tua 1820 roedd pensaernïaeth a harddwch byd natur, hynafiaethau a'r pictiwrésg oll yn un ym meddyliau llawer. Dychmygai arlunwyr fel Benjamin West (1728-1820), Richard Wilson (1713-82) a'i ddisgybl Thomas Jones (1742-1803) olygfeydd o lenyddiaeth a barddoniaeth wedi eu gosod yn y gorffennol. Ysgogodd Benjamin West, prif baentiwr hanesyddol Siôr III (1760-1820), newid yn y confensiwn o baentio hanesyddol. Yn hytrach na dangos ffigyrau wedi'u gwisgo mewn mentyll clasurol ac wedi eu gosod yn erbyn tirwedd ddelfrydol, darluniai West ddigwyddiadau mewn mannau adnabyddus, gyda ffigyrau mewn gwisgoedd cyfoes. Wrth amddiffyn ei syniad am gyfleu hanes mewn modd uniongyrchol, yn hytrach nag alegorïol, dywedodd: 'Dylai'r gwirionedd hwnnw sy'n cyfeirio pin yr hanesydd yrru pensel yr arlunydd hefyd'. Wrth i arlunwyr estyn ffiniau eu testunau, dechreusant ymboeni mwy am gywirdeb wrth ddarlunio gwisgoedd.

Roedd cyhoeddi'r nofel *Waverley* gan Syr Walter Scott (1771-1832) ym 1814 yn arwydd o genre newydd, y paentiadau 'Rhamantaidd Cartrefol' a gynigiai gipolwg ar olygfeydd domestig o oesoedd a fu. Cafodd yr amrywiol argraffiadau darluniadol o nofelau hanesyddol Scott gryn ddylanwad ar baentio hanesyddol, gan gynnwys gwaith gan Robin Scott Lauder (1803-69) a'r ysgol 'Albanaidd' o baentwyr hanesyddol. Ychwanegodd gwaith Walter Scott at y math o destunau a oedd ar gael i'r paentwyr hanesyddol gan ei fod yn defnyddio pobl a digwyddiadau o fywyd beunyddiol: 'nid gweithdrefnau, papurau swyddogol, dadleuon mawr a haniaethau a lenwai'r oesau a fu, ond dynion o gig a gwaed.' Ysgogodd gwaith Scott lifeiriant o baentiadau, printiadau, llyfrau darluniadol a chynlluniau ar gyfer gwisgoedd.

Wedi'r terfysgoedd a gododd ymhlith y bobl gyffredin ar ddechrau'r bedwaredd ganrif ar bymtheg yn sgil y Chwyldro yn Ffrainc, daeth hanes cenedlaethol a thras yn faterion o bwys ym Mhrydain. O'r 1830au ymlaen, roedd ar y cyhoedd angen i gelfyddyd i ddod â'r gorffennol yn fyw unwaith eto yn y presennol. Roedd y gymdeithas gyfan yn ceisio deall y newidiadau economaidd a chymdeithasol hynod o chwim a ddaethai yn sgil y Chwyldro Amaethyddol a'r Chwyldro Diwydiannol, ac roedd paentio hanesyddol yn cynnig drych lle y gellid astudio ac egluro bywyd cyfoes. Dangosai'r paentiadau hyn orffennol perthnasol a defnyddiol: digwyddiadau mawr o fyd llenyddiaeth, hanes neu'r Beibl fel arfer, yn erbyn cefndir dychmygol. Tynnai'r syniad Fictoraidd am y gorffennol ar weledigaeth o fyd yn llawn arwyr ac arwresau, o chwedlau a chwedloniaeth. Defnyddiai rhai arlunwyr, fel Ford Madox Brown (1821-93), wisg ganoloesol i ddod â'r gorffennol yn fyw; roedd mwy o ddiddordeb gan eraill mewn creu cefndir Rhamantaidd. Roedd i olygfeydd hanesyddol apêl a gydai yn y dychymyg trwy gyfuno hanes, rhamant a gwladgarwch. Erbyn y 1850au roedd y rhan fwyaf o bobl yn gwybod yn iawn am arwyr ac arwresau hanes Prydain, ac roedd y gwersi a ddysgent yn ategu dyheadau ymerodrol y cyfnod.

Mis mêl y Brenin René, gan Ford Madox Brown (1864; olew, NMW A171). Cynlluniwyd hwn ar ffurf panel addurnol ar gyfer desg ddarlunio, ac mae'n dangos golygfa ddychymgol o fis mêl y Brenin René o Anjou (1408-1480), noddwr enwog i'r celfyddydau yn y bymthegfed ganrif a thad Margaret, brenhines Harri VI (1422-61). Mae'r panel yn darlunio 'Pensaernïaeth' ac mae'r brenin i'w weld yn pwyntio at fanylion ar gynllun o'r palas y mae wrthi'n ei adeiladu. O safbwynt y bedwaredd ganrif ar bymtheg, gwelid yr Oesoedd Canol fel cyfnod delfrydol, llawn sefydlogrwydd a threfn. Yn ogystal â defnyddio ffynonellau fel cyfrol Henry Shaw Dress and Decoration of the Middle Ages *(a ysgrifennwyd yn y 1840au), i sicrhau cywirdeb ei wisgoedd hanesyddol, yr oedd Ford Madox Brown hefyd yn gwneud replicâu o wisgoedd. (Amgueddfa Genedlaethol Cymru)*

Manylun o'r llun Y Bardd *gan Thomas Jones (1774). Dyma un o weithiau cynnar mwyaf llwyddiannus Jones. Fel arlunwyr eraill, cafodd ei ysbrydoli gan 'Awdl Bindaraidd' Thomas Gray,* The Bard *(1757). Mae Jones wedi dychmygu'r testun, sef y gyflafan a wnaeth y Brenin Iorwerth I (1272-1307), yn ôl y chwedl, ar feirdd Cymru wedi iddo oresgyn Cymru ym 1282-83. Gosodwyd y bardd barfog yn erbyn cefndir mynyddig gydag olion gorffennol 'Celtaidd' cynharach o'i amgylch. Mae'n cynrychioli'r cyff brodorol, a'r Cymry fel cynheiliaid yr hen gyff Brythonig. Am resymau tebyg, roedd i'r arwres o Loegr Boudicca, brenhines ar yr Iceni yn y ganrif gyntaf, arwyddocâd arbennig yng Nghymru, 'cartref yr iaith yr oedd yn ei siarad ac yn meddwl ynddi'. (Amgueddfa Genedlaethol Cymru)*

Mae Marwolaeth Tewdrig, *gan John Evan a William Meredyth Thomas (efydd, 1848), yn enghraifft gynnar o gerflunwaith hanesyddol. Brenin ar Went yn y bumed neu'r chweched ganrif oedd Tewdrig, a chredir iddo gael ei ladd wrth ymladd y Saeson paganaidd. Arddull yr unfed ganrif ar ddeg neu'r ddeuddegfed ganrif sydd i wisgoedd y brenin a'i ferch, Merchell. (Amgueddfa Genedlaethol Cymru)*

Darlun gan James Finnemore o fersiwn o'r saga o Wlad yr Iâ Kormak the Viking (J. F. Hodgetts, 1902). Er nad oes unrhyw dystiolaeth archaeolegol dros helm gorniog neu adeiniog y Llychlynwyr, mae yna hanes hir a pharhaus i'r eicon hwn. (Amgueddfa Genedlaethol Cymru)

DARLUNIO A FFILM

Erbyn 1865, teimlai llawer o'r arlunwyr bod dilysrwydd hynafiaethol yn llethu eu gwaith. Yn ystod rhan olaf y bedwaredd ganrif ar bymtheg dychwelodd rhai at werthoedd darluniadol pur yn eu gwaith, gan roi'r gorau i ddarlunio hanesyddol. Erbyn diwedd y ganrif, maes y darlunydd, y cynllunydd theatr ac yn y pen draw y cyfarwyddwr ffilm oedd ail-greu'r gorffennol. O ddiwedd y bedwaredd ganrif ar bymtheg ymlaen, bu cyhoeddwyr yn cyflogi arlunwyr arbenigol i gynhyrchu ailgreadau graffig, gyda'r pwyslais ar gywireb.

Arweiniodd dyfeisio lithograffeg (proses o argraffu â charreg) at fasgynhyrchu darluniau rhad. Bu'r *Illustrated London News* yn cyhoeddi paentiadau ac engrafiadau o safon uchel, gan wneud enw am ei adroddiadau ar ddarganfyddiadau archaeolegol, a oedd yn cynnwys delweddau o wrthrychau a'r gwaith cloddio oedd ar y gweill yn ogystal ag ailgreadau dramatig. Bu'r paentiwr tirluniau a ffigyrau a'r darlunydd, Amedée Forestier (1854-1930), yn gweithio i'r *Illustrated London News* o 1882 ymlaen, ac o 1900 ymrodd i ddarlunio testunau archaeolegol ac i gyflwyno darganfyddiadau newydd i ddarllenyddiaeth eang. Nod peth o'i waith diweddarach oedd cynnig gwybodaeth 'o werth dogfennol' i fyfyrwyr, awduron ac actorion ar sut olwg oedd ar bethau. Erbyn dechrau'r ugeinfed ganrif roedd twf ffotograffiaeth wedi dechrau herio gafael yr *Illustrated London News*. Erbyn hyn, roedd llawer mwy o bobl, pobl a oedd yn hanu o sbectrwm ehangach o'r gymdeithas nag erioed o'r blaen, yn ymddiddori yn y gorffennol. Roed y twf yn narpariaeth y wladwriaeth o ran addysg, amgueddfeydd ac orielau celf yn arwydd o hyn.

Mae ein syniadau am y gorffennol yn dueddol o gael eu heffeithio'n gynnar iawn gan ddarluniau mewn llyfrau yn ogystal â ffilmiau, cynyrchiadau dramatig, llenyddiaeth greadigol a barddoniaeth. Bu dramâu hanes Shakespeare yn dwyn cynulleidfaoedd yn ôl ers dros 400 mlynedd, ac yn fodd i'w cyflwyno i orffennol sy'n llawn pobl go iawn. Cafwyd yr un effaith ar gynulleidfa ehangach o lawer pan gyhoeddwyd engrafiadau o olygfeydd o'r dramâu, megis y rheiny a engrafwyd gan J. Fettler, ac a seiliwyd ar baentiadau gan John Opie (1761-1807). Mae llyfrau i blant, yn arbennig, yn dal i elwa ar gyfoeth o olygfeydd stoc, ac mae llawer o'r rhain yn eiconau pwerus o'r gorffennol. Er enghraifft, defnyddid peth o waith Forestier i ddarlunio llyfrau hanes i blant mor ddiweddar â 1970, yn ogystal â bod yn gynsail i adgreadau yn y 1980au. Cafodd delweddau fel y rhain a'r storïau sy'n cyfateb iddynt, o'u gweld a'u darllen ym more oes, ddylanwad parhaol ar ein syniadau ni am y gorffennol.

Gwelwyd ffilmiau dechrau'r ugeinfed ganrif fel cam ymlaen o lithograffeg a ffotograffiaeth. Roeddent hefyd yn hebrwng y posibilrwydd o ail-greu'r gorffennol mewn modd mwy realistig, a gwelodd llawer y cyfle a gynigient i 'adrodd hanes' hanes. I'w hyrwyddwyr cynnar ac i lawer o gynulleidfaoedd roedd ffilmiau hanesyddol yn 'hanesion dilys'. Roeddent yn boblogaidd iawn, ac yn aml yn cynnwys golygfeydd cofiadwy a oedd fel petaent yn crisialu cyfnod neu ddigwyddiad arbennig. Dylanwadwyd ar lawer o'r ffilmiau hynny a osodwyd yn y byd Clasurol gan arlunwyr a dylunwyr fel Jean-Léon Gérôme (1824-1904) a Syr Lawrence Alma-Tadema (1836-1912). Roedd rhai ffilmiau cynnar yn defnyddio safleoedd hanesyddol fel setiau: ffilmiwyd y fersiwn fud o *Ivanhoe* gan Syr Walter Scott gan Gwmni Ffilmiau Imperial (1913) yng Nghastell Cas-gwent. Ond er gwaethaf y gofal a delid i gynlluniau'r setiau, y gwisgoedd a'r offer, ffuglen oedd y sgriptiau ac roedd llawer ohonynt yn methu wrth

IDEAL SKETCH OF A **SWISS LAKE-DWELLING.**
"Restored" from the latest discoveries.

Blaenddalen o gyfrol Ferdinand Keller The Lake Dwellings of Switzerland and Other Parts of Europe *(cyfieithwyd gan John Edward Lee, 1866). Roedd dylanwad gwaith fel hwn yn ymestyn y tu hwnt i archaeoleg yn unig. Mae'n bosibl i'r ailgread hwn ysbrydoli Llyndref J. R. R. Tolkien, Esgaroth, yn ei nofel* The Hobbit *(1937). (Amgueddfa Genedlaethol Cymru)*

Llyndref Oes yr Haearn Ynys Wydrin, Gwlad yr Haf, gan Amedée Forestier (dyfrlliw ar bapur, 1911). Sail yr ailgread hwn oedd y gwaith cloddio a wnaed gan Arthur Bulleid a Harold St George Gray rhwng 1892 a 1907. Cynhyrchwyd ef ar gyfer erthygl gan Arthur Bulleid o'r enw 'Not the Woad-daubed Savage of Old History Books: the Civilised Ancient Briton' yn The Illustrated London News. *Mae'r ffigyrau yn tynnu ar ddarluniau rhamantaidd o ddiwedd y bedwaredd ganrif ar bymtheg o ryfelwyr Galaidd o'r cyfnod hynafol. Mae llawer o'r offer yn dyddio o gyfnod cwbl anghywir, sef yr Oes Efydd Ddiweddar. Mae'r helmed sydd am ben y pennaeth yn debyg i helm gribog o ogledd yr Eidal (Filanofaidd) ac mae'r cleddyf yn efelychiad o gleddyfau 'Tarcwinaidd' o'r un dyddiad. Credir bellach y byddai llai o dai crwn i'w gweld ar yr un adeg, a bod pobl yn byw ar y safle rhwng tua 200–50 CC. (Gwasanaeth Amgueddfeydd Cyngor Sir Gwlad yr Haf)*

Cyfrwng yn Datblygu

Gall darluniau fod yn fodd i osod pobl yn eu cyd-destun, hefyd. Golygfa ddychmygol yw hon gan Victor Ambrus (g. 1935), o bennod ym machgendod William Marshal (tua 1147–1219), a ddaeth yn Iarll Penfro yn ddiweddarach. Roedd castell tad William dan warchae gan y brenin Stephen, a bu'r brenin yn bygwth crogi ei wystl ifanc yng ngŵydd ei dad. Crëwyd y darlun hwn gan Victor Ambrus ym 1989 ar gyfer panel dehongliadol yng Nghastell Casgwent, Sir Fynwy. Mae'n sôn bod ei waith yn realistaidd, yn addurnol, ac yn drwm dan ddylanwad ei hyfforddiant fel ysgythrwr. 'Mae pobl yn bwysig i mi – wedi'r cyfan, heb bobl fyddai gennym ni yr un adeilad, yr un arteffact, yr un anheddle. Mi rydw i wrth fy modd yn tynnu lluniau i ail-greu sut olwg oedd ar bobl, beth roedden nhw'n ei wneud, beth roedden nhw'n ei wisgo, sut roedden nhw'n ymddwyn.' (Cadw)

geisio cyfleu manylion yn gywir. Yn yr ystyr hwn, mae ffilmiau Cecil B. DeMille *The Sign of the Cross* (1932) a *Cleopatra* (1934), *Spartacus* (1960) Stanley Kubrick a *The Fall of the Roman Empire* (1964) gan Anthony Mann yn ddigamsyniol yn gynnyrch eu hoes.

Wrth i gyflymder prosesu cyfrifiaduron gynyddu, a safonau graffig wella yn gyson, felly hefyd y caiff y datblygiadau mewn delweddu cyfrifiadurol, yn waith graffig, ffoto-realaidd hyd at gymwysiadau amlgyfrwng a realiti rhithwir, eu defnyddio'n amlach ac yn amlach wrth gyflwyno ailgreadau. Mae'r rhain yn amrywio o 'lwybrau' caeth neu ryngweithiol sy'n galluogi'r defnyddwyr i 'hedfan' trwy neu o amgylch gwahanol strwythurau, hyd at osod unigolyn o fewn cyd-destun gwneud, lle mae modd gweld a 'chlywed' bydoedd y gorffennol, neu ail-greu yn ddigidol olygfeydd a safleoedd ar ffilm, megis Rhufain a'r Colisëwm yn y ffilm *Gladiator* (2000). Un enghraifft gynnar a grëwyd ar gyfer dehongli ar safle yng nghanol y 1980au oedd model cyfrifiadurol o Faddondai'r Gaer yng nghaer y Lleng Rufeinig yng Nghaerllion. Yn gyntaf, crëwyd disgrifiad geometrig mewn tri dimensiwn, ac yna defnyddiwyd dulliau trosi i roi'r lliwiau, y graen a'r goleuo ar yr arwynebau. Bellach mae gwelliannau o ran caledwedd a meddalwedd yn golygu bod delweddau mwy soffistigedig o lawer yn bosibl. Gellir mewnforio mesuriadau digidol i gyfrifiadur i greu 'ffrâm wifr', gan ychwanegu haen ar haen o fanylion wedyn i greu delwedd realistig. Yn groes i fodelau corfforol mae modelau cyfrifiadurol fel y rhain yn eithriadol o hyblyg. Mae modd edrych arnynt o sawl safbwynt, eu chwyddo neu eu lleihau, ac maent yn galluogi'r gwyliedydd i deithio o amgylch yr olygfa.

Baddondai'r Gaer yng Nghaerllion. Rhydd y ddelwedd gyfrifiadurol gynnar hon, a grëwyd gan yr Ysgol Beirianyddiaeth, Prifysgol Caerfaddon (1983) argraff o'r baddondy o'r ochr draw i'r iard ymarfer (palaestra). (Amgueddfa Genedlaethol Cymru)

ADFYWIAD AR ADFYWIAD

Os daliwn ni ati fel hyn, yna bydd ein myfyrgelloedd a'n parlyrau, heb sôn am ein heglwysi, yn hŷn nag yr oeddent bum can mlynedd yn ôl.

The Times, 2 Mehefin, 1862 (gan sôn am arddull Gothig Fictoraidd yr Arddangosfa Ryngwladol)

Nid ym myd dau-ddimensiwn darlunio yn unig yr oedd datblygiadau ar droed. Erbyn y ddeunawfed ganrif, roedd hynafiaethwyr yn dylanwadu'n gryf ar ffasiynau cyfoes ym maes pensaernïaeth a chelfyddyd gymwysedig. Cododd adfywiadau newydd mewn arddull, ar sail cyfuniad o Ramantiaeth angerddol a diddordeb hynafiaethol - y Groegaidd a'r Neo-glasurol; y Romanésg a'r Gothig; yr Elisabethaidd a'r Jacobeaidd. Ysbrydolwyd llawer i bensaer gan enghreifftiau cyfandirol. Byddai arddulliau adfywiol yn aml yn asio manylion a godwyd o ymchwil archaeolegol â gofynion a dyheadau cymdeithasol yr oes.

Gorwedd gwreiddiau'r Adfywiad Gothig yn Lloegr a Chymru yn y ddeunawfed ganrif. Bu'r arddull hwn yn dominyddu pensaernïaeth ym Mhrydain yn ystod y bedwaredd ganrif ar bymtheg, a hynny dan ddylanwad y pensaer a'r cynllunydd toreithiog, Augustus Welby Northmore Pugin (1812–52), a'i olynwyr, fel y pensaer William Butterfield (1814–1900), a'r pensaer-gynllunydd cyn-Raffaëlaidd, William Burges (1827–81).

Dilynai'r Adfywiad Gothig nifer o egwyddorion, gan gynnwys dilyn cynseiliau hanesyddol yn ffyddlon; serch hynny nid oedd yn creu copïau slafaidd o ffurfiau na dulliau'r Oesoedd Canol. Mae'n wir bod yr elfen bensaernïol yn bwysig, ond un elfen yn unig oedd hon ac roedd y cynnyrch terfynol yn rhywbeth newydd. Tir profi'r canoloesoldeb fodern oedd Cwrt yr Oesoedd Canol yn Arddangosfa Ryngwladol 1862, a welwyd gan rai o'r beirniaid yn nhermau 'datblygiad tuag yn ôl'.

Castell Caerdydd yn y bedwaredd ganrif ar ddeg gan John Ward (dyfrlliw ac inc ar bapur, tua 1911). Roedd Ward yn guradur ar Amgueddfa ac Oriel Gelf Caerdydd ac o 1912 ymlaen ef oedd Ceidwad Archaeoleg cyntaf Amgueddfa Genedlaethol Cymru. Ef a gwblhaodd y gwaith cofnodi ar y darganfyddiadau archaeolegol a wnaed yn ystod y gwaith ail-wampio ar y castell, wedi marwolaeth G.T. Clark ym 1898. Mae'n dangos nodweddion a gwblhawyd erbyn rhan gyntaf y bedwaredd ganrif ar ddeg o dan ieirll de Clare (1217–1314). Mae'r Twr Du yn dyddio o'r drydedd ganrif ar ddeg a'r gorthwr gwag o'r ddeuddegfed ganrif. Cafwyd darlun anorffenedig o'r castell Normanaidd o waith Ward ar y cefn. (Amgueddfa Genedlaethol Cymru)

CAERPHILLY CASTLE.

Restored from a careful survey by G. T. Clark.

Engrafiad o Gastell Caerffili fel yr edrychai, o bosib, yn yr Oesoedd Canol. Cyhoeddwyd hwn ym 1850 gan y meistr haearn, y peiriannydd a'r hynafiaethydd George Thomas Clark 1809–98), ac mae'n bosibl mai gŵr o'r enw Mr Turnbull a'i luniodd. (Mae'n dangos y cyrtiau mewnol a chanol ar yr ynys ganolog, a adeiladwyd gan Gilbert de Clare (m. 1295), a hynny rhwng 1268 a 1271 yn bennaf. Diddorol yw nodi fod yr engrafiad yn dangos y nodwedd gron yn y cefndir a adwaenir fel amddiffynfa allanol fel pe bai'n gyfoes â'r castell, er fod Clark yn credu mai adeiledd diweddarach, o gyfnod y Rhyfel Cartref, oedd hwn.) Yn sgil peth gwaith cychwynnol gan ei dad, bu pedwerydd ardalydd Bute (1881–1947) yn adfer Castell Caerffili rhwng 1928 a 1939. (Cymdeithas Archaeolegol Cambria)

Mae Castell Caerdydd yn enghraifft drawiadol o ddyfeisgarwch pensaernïol a ffantasi mewn arddull ganoloesol ac Eidalaidd. Dyma waith comisiwn seciwlar pwysicaf William Burges a chyflwynodd adroddiad ar y gwaith ailddatblygu i drydydd ardalydd Bute (1847–1900) ym 1868. (Cadw)

WILLIAM BURGES A CHASTELL COCH

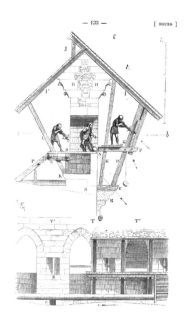

Etifeddodd y cynllun; dyfeisiodd y goruwchadeilad. Ychwanegodd celfyddyd ddimensiwn ychwanegol at archaeoleg: malurion yn troi'n freuddwydion.

J. Mordaunt Crook (o *William Burges and the High Victorian Dream*, 1981)

Mae William Burges, a ddisgrifiwyd fel 'Lutyens ei genhedlaeth', yn enwog am y modd y cymhwysodd yr arddull Uchel Othig yn weledigaeth Uchel Fictoraidd o'r Oesoedd Canol. Mae'r gwaith adfer a wnaeth ar y murddun o gastell o'r drydedd ganrif ar ddeg o'r enw Castell Coch, ychydig i'r gogledd i Gaerdydd, yn brawf trawiadol o'i ddoniau. Ym 1871–2, lluniodd gynllun ar gyfer ail-greu'r castell ar gyfer trydydd ardalydd Bute (1847-1900), y lluosfiliwnydd a'r Rhamantydd Fictoraidd mawr hwnnw. Dechreuodd y gwaith ym 1875, a chwblhawyd y strwythur erbyn 1891.

Hourding, *o gyfrol ddylanwadol Eugène-Emmanuel Viollet-le Duc* Dictionnaire Raisonné de l'Architecture Française du XIe au XVIe Siècle *(Paris, 1854–68, 10 cyfrol). Roedd y trefniant a awgrymwyd gan Burges ar gyfer Tŵr y Ffynnon yng Nghastell Coch yn un tebyg. (Amgueddfa Genedlaethol Cymru)*

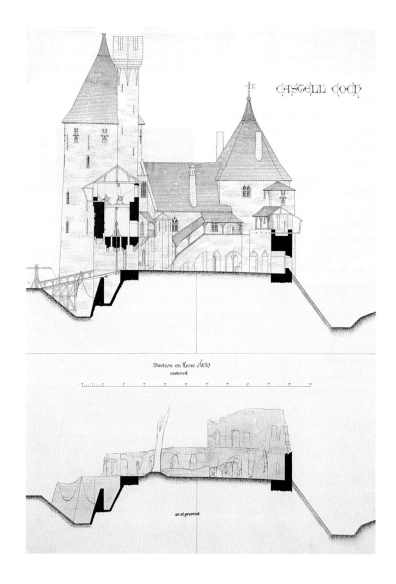

Dalen o'r adroddiad The Castell Coch Report *gan William Burges (ffol. 24). Cyflwynwyd yr adroddiad, ar gyflwr olion y castell canoloesol ac argymhellion ar gyfer ei ddyfodol (ei ddiogelu fel yr oedd, neu ei adfer), i ardalydd Bute ym 1872. Mae'r albwm yn cynnwys sawl cyfosodiad deheuig rhwng adfeilion y castell ac argymhellion Burges ar sut y gellid adfer y bensaernïaeth. Mae ei gynlluniau ar gyfer y tu allan yn adlewyrchu darlun eithriadol o gywir o du allan castell o'r drydedd ganrif ar ddeg ar waith. I gyfiawnhau ei gynlluniau, yn rhan o'i adroddiad cyflwynodd Burges gopïau o ddarluniau o lawysgrifau a chymariaethau â chestyll eraill, ynghyd â gwybodaeth archaeolegol, y seiliwyd llawer ohoni ar waith gan G. T. Clark. Paratowyd y darluniau gan Burges ar dudalennau o bapur ar wahân, cyn eu gludo wedyn wrth ddalennau'r adroddiad. (Amgueddfa Genedlaethol Cymru)*

Fel Burges, roedd ardalydd Bute wedi ffoli ar archaeoleg a chyfnod yr Oesoedd Canol, ac roedd wrth ei fodd gyda chynllun Burges ar gyfer ailadeiladu'r castell yn llwyr. Daethant yn fwy o bartneriaeth na noddwr a phensaer, yn gyfuniad rhyfeddol o gyfoeth, gallu a gwybodaeth. Yn groes i'r pensaer cyfoes William Butterfield, a dynnai ar gynseiliau Seisnig am ei gynlluniau, trodd Burges at gyfandir Ewrop. Bu'n ffynhonnell ysbrydoliaeth gyfoethog iddo, yn arbennig pensaernïaeth Othig gynnar Ffrainc. Dilynodd cyfres o benseiri prif gynllun Burges wedi ei farwolaeth ym 1881. O'r tu allan, mae'r castell ar ei newydd wedd yn argyhoeddi fel cadarnle dilys o'r Oesoedd Canol.

Yn ei waith, chwiliai Burges am y crefftwyr gorau. Sefydlwyd gweithdai o seiri maen hynod o grefftus yng Nghaerdydd, ar gyfer y gwaith ar Gastell Caerdydd yn bennaf, ac roedd y rhain wrth law hefyd pan gychwynnwyd ar y gwaith ar Gastell Coch. Dechreuodd y cerflunydd blaenllaw o Gymro Goscombe John (1860–1952) ar ei hyfforddiant yn 14 oed yn y gweithdai yng Nghaerdydd yn brentis o gerfiwr pren i'w dad, Thomas John.

Roedd ôl ymwybyddiaeth archaeolegol a hanesyddol rymus yn amlwg yn y Castell Coch ar ei newydd wedd (chwith). Dylanwadwyd arno gan y gwaith adfer a wnaed ar dref furiog Carcassonne (Aude) yn Ffrainc gan y pensaer, y cynllunydd a'r awdur Eugène-Emmanuel Viollet-le-Duc (1814-79), a'r cestyll yn L'Aigle a Chillon ar lan Llyn Genefa (a welir uchod). Tynnodd Burges ddarluniau manwl gywir o Chillon yn ystod ei deithiau yn Ewrop. (Peter Humphries)

Murlun o'r neuadd wledda yng Nghastell Coch, gan Horatio Walter Lonsdale (m. 1919). Dyma olygfa sy'n atgoffa dyn am lawysgrif o'r Oesoedd Canol, gyda'r brenin yn cyfarwyddo gwaith ei ben-saer maen. (Cadw)

Gweithio gyda Data

Diddorol yw nodi i'r hynafiaethydd o Ffrancwr, Bernard de Montfaucon (1655–1741), wrth drafod y term 'hynafiaeth', gydnabod bod darlunio yn gwbl ganolog i unrhyw astudiaeth o'r pwnc. Mae darlunio yn fodd pwerus i gyfleu darganfyddiadau a syniadau newydd ynglŷn â'r gorffennol. Dylanwadwyd erioed ar ddehongliadau gweledol gan ffactorau fel pwrpas y darlun, yr hyn yr oedd gofyn ei gynnwys, confensiynau'r oes a dealltwriaeth a gweledigaeth yr arlunydd. Er enghraifft, pan ddosbarthwyd y gwahanol fathau o bensaernïaeth o'r diwedd bu hyn yn fodd i ddatrys anawsterau a gafwyd wrth geisio darlunio adeiladau yn gywir. Mae darlunio'r gorffennol wedi newid yn ystod y 200 mlynedd a aeth heibio, gyda'r datblygiad dramatig mewn technegau archaeolegol a dyfodiad dulliau gwyddonol newydd. Disodlwyd delweddau Rhamantaidd o'r henfyd gan fersiynau mwy cywir, a brofwyd trwy ysgolheictod. Yn yr un ffordd ag y bydd yr archaeolegydd yn y maes bellach yn cydweithio ag amrywiaeth eang o arbenigwyr sydd yn canolbwyntio ar wahanol

Hela a physgota tua 8400 CC yn Nab Head, Bae Sain Ffraid, Sir Benfro, gan Giovanni Caselli (acrylig ar bren haenog, 1979). Mae Nab Head i'w weld yn y cefndir, ar adeg pan oedd lefel y môr yn is nag ydyw heddiw, ac roedd y pentir presennol yn fryn yn y mewndir. Yn y darlun gwelir pobl wrthi'n cyflawni amrywiaeth o weithgareddau o'r cyfnod Mesolithig ar y gwastadedd arfordirol ac mae'n cynnwys tystiolaeth o amryw o ffynonellau, rhai ohonynt o'r tu allan i Gymru. Mae'n annhebygol y byddai cymaint o bobl wedi ymroi i gymaint o wahanol weithgareddau ar yr un pryd: adeiladu cwch o foncyff coeden gyda bwyell/neddyf siâp cŷn, saethyddiaeth, hogi cyrn ceirw, cochi pysgod a chig dros y tân a physgota o gychod. Ar sawl agwedd, mae'n parhau'r syniadau traddodiadol am y rhannau a chwarewyd gan y rhywiau yn y gymdeithas gynnar.

feysydd arbenigol, mae'r broses o ail-greu yn golygu trafod a chydweithio rhwng yr arlunydd, yr archaeolegydd, y cadwraethydd, y crefftwr, y curadur, yr anthropolegydd, y gwyddonydd fforensig a'r ecolegydd.

Mae gan archaeolegwyr gyfrifoldeb i ddehongli'r gorffennol ac i gyfleu eu gwybodaeth i gynulleidfa eang gan ddefnyddio'r technegau gorau sydd ar gael iddynt. O'u natur, dehongliadau statig yw llawer o'r portreadau hyn ac maen nhw'n dangos gwahanol lefelau o fanylder a soffistigeiddrwydd. Serch hynny, gall darluniau barhau i fod yn rymus ymhell wedi i'r syniadau y maent yn eu cynrychioli dyfu'n hen-ffasiwn ac yn amherthnasol. Yn hytrach na chyflwyno un farn awdurdodol, efallai y gwahoddir y gwyliedydd i ddod yn rhan weithredol o broses o ddehongli a thrafod, trwy edrych ar wahanol fersiynau a luniwyd ar sail yr un data archaeolegol. Gall dehongliadau gadw eu hyblygrwydd, gan adlewyrchu'r ffaith fod natur dehongli archaeolegol yn newid ac yn datblygu. Ar eu gorau, mae ailgreadau yn hybu holi a thrafod pellach – 'sut ydym ni'n gwybod hynny?' – tra bo eraill yn ysbrydoli neu yn ein rhybuddio ni i droedio'n ofalus, neu yn gwahodd cymariaethau â heddiw.

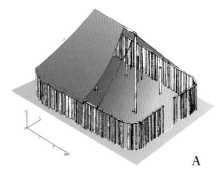

A

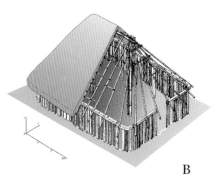

B

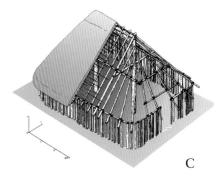

C

Maen Madoc, *Ystradfellte, Powys: mab Dervacus yn syllu ar y maen coffa i'w dad, gan Alan Sorrell (creon, inc a lliw afloyw, 1940). Mae'n bosib mai nodi claddedigaeth wrth ymyl y ffordd y gwna'r maen hwn o'r 6ed ganrif, sy'n dwyn yr arysgrif Lladin 'Dervacus, mab Iustus'. Fe'i cloddiwyd gan Syr Cyril a'r Fonesig Fox ym 1940, a'i ail-godi ger yr hen ffordd Rufeinig rhwng Castell-nedd ac Aberhonddu. Mae darlun Sorrell yn tynnu ar y dychymyg, ac yn denu'r gwyliedydd i ddyfalu ac i ddehongli. Nid er mwyn rhoi ymdeimlad o raddfa'n unig y mae'r ffigyrau yno - actorion mewn drama ydynt, wrth iddynt ymweld â'r maen coffa. Defnyddiodd Sorrell waith creon argraffiadol yn hytrach na manwl gywir i gyfleu gwisg ac osgo'r prif gymeriad, er mwyn awgrymu parhâd y traddodiad Rhufeinig yng Nghymru'r Oesoedd Canol cynnar.*

Adeilad o Oes yr Haearn, *Allteuryn, Sir Fynwy, a ddyddiwyd yn ôl cylchoedd coed i tua 273CC. Weithiau defnyddir yr un data i lunio nifer o wahanol ailgreadau yn sail i drafodaeth ar eu dichonoldeb. Mae gan (A) do o grwyn; (B) byst cyfansawdd a murblat; (C) byst mawr, ffrâm o bostiau o bren crwn a mewnlenwad o estyll. (Llun gan S. J. Allen)*

Adeiladu Castell Carreg Cennen, Sir Gaerfyrddin, ddiwedd y drydedd ganrif ar ddeg, gan Alan Sorrell (tua 1960, dyfrlliw a lliw afloyw dros bensel, braslun rhagbaratoadol). Saif y castell ar glogwyn trawiadol fry uwchben Dyffryn Tywi ar lethrau isaf y Mynydd Du. Rhydd y braslun bychan hwn argraff o'r broses o adeiladu castell, wrth i'r muriau godi o dan fforest o sgaffaldiau pren. (Amgueddfa Genedlaethol Cymru)

TROI SYNIADAU'N DDELWEDDAU

Nid yw pobl erioed wedi medru byw heb gelfyddyd, ac nid oes modd ystyried archaeoleg hebddi.

Alan Sorrell, (o *The Artist and Reconstruction,* 1973)

Mae'r broses greadigol o roi ffurf weledol ar ddata archaeolegol yn ganlyniad i gynllunio gofalus, hir gydweithio ac arsylwi manwl. Bydd yn dechrau'n aml wrth i'r arlunydd a'r arbenigwr perthnasol dalu ymweliad â'r safle, i benderfynu ar y prif fanylion. Gorwedd dawn y darlunydd yn ei allu i gyfuno'r holl ddata sydd ar gael iddo, ac i weld y cyfan mewn dau neu dri dimensiwn. Mae'n wir na all ailgreadau fod yn gwbl fanwl gywir, ond mae gofyn iddynt fod mor gywir ag sy'n bosibl o dan yr amgylchiadau, oherwydd yn aml bydd y cyhoedd yn meddwl amdanynt fel dehongliadau 'swyddogol'. Yn aml defnyddir cefndir credadwy a'r propiau cywir i roi argraff o 'ddilysrwydd', ond mwyaf oll o fanylion sydd mewn llun, mwyaf oll o waith dyfalu sydd ynghlwm wrtho mae'n debyg.

Alan Sorrell (1904–74) oedd yr enw amlycaf ym maes darlunio ailgreadol yn ystod y degawdau wedi'r Rhyfel. Cysylltodd archaeoleg â diwylliant dyneiddiol, ac mae ei arddull neo-Ramantaidd yn adlewyrchu traddodiad celfyddyd weledol Ewrop cyn yr Argraffiadwyr. I Sorrell, fel i Zdenek Burian, yr arlunydd o Tsieciad a fu'n paentio pobl cynhanesyddol, roedd y creadigol a'r gwyddonol yn cydfodoli mewn modd symbiotig. Gellid cymhwyso'r disgrifiad o waith Burian fel 'nofelau gyda dimensiwn gwyddonol' at beth o waith Sorrell hefyd. Gwelai'r presennol yn nhermau'r gorffennol, ac fel y paentiwr/gwneuthurwr printiadau John Piper (1903–1992), gwelai barhâd rhwng y byd cynhanesyddol, byd yr Oesoedd Canol a'r byd modern. Mae ei ddarluniau yn llawn awyrgylch ac effeithiau golau arallfydol, ac yn llawer ohonynt gwelir cymylau tywyll, y gwynt yn chwipio, glaw yn bygwth, carnau o goed a rhyw dywyllwch rhyfedd. Disgrifiodd Kenneth Clark (1903–83) rai paentiadau a darluniau unwaith yn nhermau 'cofnodion gweledol wedi'u piclo mewn steil', yn yr ystyr mai dim ond trwy eu gweld trwy ddrych personoliaeth yr oedden nhw'n argyhoeddi. Teimlai Sorrell fod yr ymadrodd hwn yr un mor addas wrth sôn am ail-greu testunau archaeolegol.

Ym 1936, daeth ei frasluniau o waith cloddio Kathleen Kenyon ar y fforwm Rufeinig yng Nghaer-lŷr at sylw'r *Illustrated London News*, ac anogodd y papur ef i droi ei law at ailgread o'r *basilica*. Comisiynodd y Dr Mortimer Wheeler (1890–1976) ailgreadau tebyg o Gastell Maiden yn swydd Dorset, a bu Syr Cyril Fox (1882–1967) a V. E. Nash-Williams (1897–1955) o Amgueddfa Genedlaethol Cymru yn gweithio gyda Sorrell ar gyfres o luniau o Gaer-went a Chaerllion yn y cyfnod Rhufeinig ar gyfer deunydd dehongliadol yn yr orielau. Wedi cyfnod fel Swyddog Cuddliwio yn ystod yr Ail Ryfel Byd, ym 1948 ail-afaelodd yn ei gysylltiad ag Amgueddfa Genedlaethol Cymru. Yn y 1950au comisiynwyd cyfres o ailgreadau gan y Weinyddiaeth Waith, fel yr oedd bryd hynny (rhagflaenydd i Cadw), gan ddechrau gyda darluniau o'r cestyll yng Nghonwy, Harlech a Biwmares. Ar y dechrau nid oedd y Bwrdd Cofebau Hynafol yn cefnogi'r syniad o ddyfalu a dim ond ar gardiau post a deunydd dehongliadol ar y safleoedd y defnyddiwyd darluniau o'r fath hyd ddiwedd y 1960au, pan y'u gwelwyd gyntaf yn y llawlyfrau 'glas'. Wrth i natur archaeoleg newid a datblygu, erbyn dechrau'r 1960au sylweddolwyd bod angen cyhoeddi damcaniaethau. Roedd hyn yn cyd-daro gyda thwf y diwydiant ymwelwyr a'r angen am ddehongli gweledol. Yn ddiweddarach beirniadwyd peth ar waith Sorrell oherwydd ei or-ddefnydd ar olygfeydd melodramatig a graddfeydd anghywir, ond y cyfuniad o'i allu fel drafftsmon ynghyd â'i arddull ddychmygus sy'n gwneud ei waith mor ddeniadol.

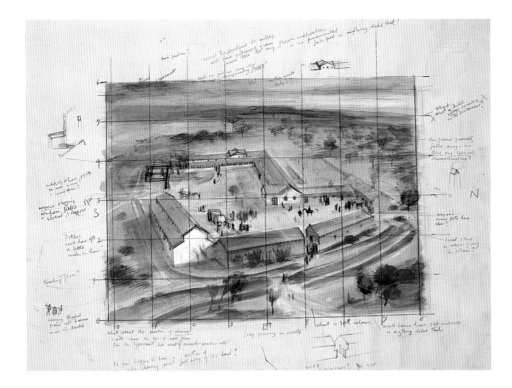

Fila Rufeinig Llanilltud Fawr, Bro Morgannwg, gan Alan Sorrell (1949, dyfrlliw, inc a phensel, wedi ei sgwario ar gyfer ei drosgluyddo). Cartŵn gyda nodiadau ar ffurf pwyntiau yr oedd Sorrell yn awyddus i dderbyn eglurhad arnynt gan y cloddiwr, Dr V. E. Nash-Williams. Paratowyd hwn ar gyfer y darlun terfynol, wedi i'r gwaith cloddio dod i ben, a'i ddatblygu ar sail mapiau, cynlluniau, ffotograffau a brasluniau. (Amgueddfa Genedlaethol Cymru)

Fersiwn derfynnol Sorrell o fila Rufeinig Llanilltud Fawr (1949, lliw afloyw, inc a chreon). Roedd Nash-Williams o'r farn i'r cyfadeilad cyfan gael ei adeiladu tua OC 150. Awgryma gwaith cloddio mwy diweddar bod y fila, fel y'i gwelir yma, yn dyddio o ddechrau'r bedwaredd ganrif OC, ac mai to carreg, nid teils, oedd iddi. (Amgueddfa Genedlaethol Cymru)

Abaty Talyllychau, Sir Gaerfyrddin, gan Terry Ball (dyfrlliw ac inc dros bensel, 1998). Sefydlwyd yr abaty gan Rhys ap Gruffudd (m. 1197), tywysog Deheubarth, ar gyfer y Canoniaid Premonstratensaidd neu'r Canoniaid Gwyn. Dangosir yr abaty arfaethedig, o'i gymharu â'r hyn a adeiladwyd yn y pen draw, yn y gyfres rithio yma sy'n cyfeirio at y sylfeini sydd i'w gweld yno heddiw. Roedd astudiaeth fanwl o'r gwaith maen a'r sylfeini sydd wedi goroesi yn cynnig digon o awgrymiadau ar gyfer yr ailgread anarferol hwn. (Cadw)

Bras-fodel o Gastell Cydweli a'r dref, Sir Gaerfyrddin, ar ddechrau'r bymthegfed ganrif. Lluniwyd hwn gan Ivan Lapper er mwyn dyfeisio ateb y medrai ei gyfiawnhau ar gyfer pob manylyn cyn iddo ddrafftio'r darlun. Defnyddiwyd y model wedyn yn sail ar gyfer golygfeydd persbectif. (Ivan Lapper, 2001)

Ers marwolaeth Alan Sorrell, mae nifer o arlunwyr wedi dod i'r amlwg ym maes ailgreadau archaeolegol, arlunwyr fel Terry Ball (g. 1931), a aeth i'r ysgol gelf leol yn Sutton, swydd Surrey, yn 15 oed ac a fu'n astudio paentio wedi hynny yn y Coleg Celfyddyd Brenhinol. Ym 1957 bu'n gweithio fel drafftsmon ar dymor cloddio olaf Kathleen Kenyon yn Jericho, yn darlunio gwrthrychau o'r beddrodau yno. Wedi hynny treuliodd ddeng mlynedd o waith ym Mhalesteina a Jerwsalem. Wedi'r digwyddiadau cythryblus yn y Dwyrain Canol ym 1967, symudodd i un o faestrefi Llundain a dechreuodd syrfeio a pharatoi darluniau mesuredig ar gyfer y Weinyddiaeth Gwaith ac Adeiladau Cyhoeddus, sef English Heritage wedi hynny. Llun o Gastell Conwy oedd ei ddarlun ail-greu cyntaf ar gyfer Cadw: Welsh Historic Monuments. Fe'i cyhoeddwyd yn eu llawlyfr ym 1985, gan ddisodli fersiwn Sorrell, ac arweiniodd hyn at gomisiynau pellach. Un fantais o gydweithio'n agos gyda Cadw, English Heritage a'r Weinyddiaeth Gwaith ac Adeiladau Cyhoeddus cyn hynny oedd bod modd iddo astudio'r holl archifau, cynlluniau a ffotograffau a oedd yn perthyn i safle penodol ar y cyd â'r archaeolegydd a'r pensaer. Wedi gwneud y gwaith ymchwil hwn, byddai'n ymweld â'r safleoedd ac yn tynnu brasluniau a fyddai wedyn yn cael eu caboli, weithiau trwy dynnu ffotograffau ychwanegol. Bydd yn adeiladu modelau o'r safleoedd mwyaf cymhleth er mwyn magu ymdeimlad o ddyfnder ac i weithio allan pa un yw'r ongl orau ar gyfer ei ddarlun: 'fedr ffotograff ddim dangos rhywbeth fel y gall darlun. Mae darlunio, fel ysgrifennu, yn broses sy'n dethol. Sail y dewis ar gyfer yr olygfa derfynol fyddai faint o wybodaeth y mae'n ei chyfleu ('sut oedd hwn yn gweithio?'), yn hytrach na'r effaith ddramatig. Ond fedrwn i ddim â pheidio â bod yn ymwybodol o'r paentwyr a'r darlunwyr rhamantaidd a thopograffig hynny sydd wedi dylanwadu gymaint ar fy ngwaith - yn benseiri Ffrengig traddodiadol fel Viollet-le-Duc ac yn arlunwyr dyfrlliw o Thomas Girtin (1775–1802) ymlaen.'

Dechreuodd Ivan Lapper (g. 1939) ddarlunio yn 12 oed pan gafodd ei ryddhau o'r ysgol am un diwrnod yr wythnos i fynychu Coleg Celfyddyd Bilston. Astudiodd yng Ngholeg Celfyddyd Wolverhampton, ac ym 1959 symudodd i'r Coleg Celfyddyd Brenhinol lle bu'n astudio darlunio, paentio a thynnu lluniau am dair blynedd. Er 1962 bu'n ddarlunydd llawrydd ar amrywiaeth o bynciau, gan ddarlunio ar gyfer llyfrau, papurau newydd a hysbysebion. Ef oedd arlunydd *The Daily Express* yn ystod trychineb Aber-fan ym 1966. Yn y 1980au gofynnodd Adran Addysg English Heritage iddo i ddarlunio castell ar gyfer deunydd dehongliadol ar y safle, a daeth rhagor o waith yn sgil hwn. Fel Terry Ball, bydd yn aml yn defnyddio amryw o wahanol ddeunyddiau i lunio model graddfa o'i destun i baratoi ar gyfer y gwaith darlunio. Mae'r modelau hyn o adeiladau, ystafelloedd neu olygfeydd panoramig yn fodd iddo weithio allan yn union sut yr oedd y peth-a'r-peth yn gweithio, ac i ddewis y golygbwynt gorau posibl. Fel arfer bydd yn paentio o ffotograff digidol o'r model gorffenedig, ac yna yn ychwanegu'r manylion. Ymhlith y dylanwadau ar ei waith mae David Stone Martin, darluniau ffigwr gan Titian a Stanley Spencer. 'Arlunydd ffigyrol ydw i, nid pensaer ac felly rwyf wedi ceisio dod â mwy o awyrgylch i'r paentiadau, ac i roi mwy o bwyslais ar ddangos sut yr oedd pobl y cyfnod yn byw.'

Datblygodd yr arddull a fabwysiadwyd gan Dylan Roberts (g. 1941) tra oedd yn gweithio i Gomisiwn Brenhinol Henebion Cymru ar sail paentio ffigurol, a dylanwadwyd arno'n benodol gan waith Alan Sorrell. Ar gyfer y darlun o Gastell Coety, bu'n gweithio ar y safle gyda Jack Spurgeon a Howard Thomas am bum wythnos, yn llunio cynlluniau, croestoriadau a gweddluniau. Astudiodd Chris Jones-Jenkins (ganed 1954) yn Ysgol Bensaernïaeth Cymru (1973–77). Wedi iddo benderfynu peidio â mynd yn bensaer, bu'n gweithio yn Amgueddfa Werin Cymru yn

Sain Ffagan, ar ddarluniau dadansoddiadol ac arolygon ar adeiladau a oedd yn cael eu hailgodi. Er 1984, bu'n gweithio fel darlunydd ar ei liwt ei hun ar gyfer Cadw: Welsh Historic Monuments. Diddordeb rhan-amser yw darlunio iddo bellach, gan ei fod yn gweithio'n awr i Gyngor Sir Bro Morgannwg. Defnyddir y rhan fwyaf o'i ailgreadau yn nhywyslyfrau Cadw neu ar baneli dehongliadol ar y safleoedd. Ymweliad â'r safle gydag arbenigwyr o Cadw yw'r cam cyntaf yn aml. Bryd hynny bydd yn cymryd mesuriadau ac yn tynnu ffotograffau. Mae ei gefndir pensaernïol i'w weld yn amlwg yn yr agwedd fesuredig a gymer at ei ddarluniau, sy'n ymwneud gan amlaf â gwaith ail-greu pensaernïol ar gestyll ac abatai. Trafodir a diwygir bras-fersiynau, ac yn aml byddant yn cael eu newid sawl tro. Pin ac inc ar ffilm dryloyw yw'r gwaith fel arfer. Weithiau bydd yn cynhyrchu copïau llai ar bapur dyfrlliw cryf o faint A3 ac yn ychwanegu lliw.

Mae pob darlun ail-greu yn ganlyniad i gynllunio gofalus ac arsylwi manwl ar fanylion. Nid dyfeisiadau o ben a phastwn yr arlunydd ei hun yw'r delweddau hyn, fel darluniau ar gyfer ffuglen, ond cynnyrch cyfres o benderfyniadau a wnaed gan arlunwyr ar y cyd ag archaeolegwyr ac arbenigwyr eraill. I'r rhan fwyaf o ddarlunwyr, mae awyrgylch yn llai pwysig na chyflwyno'r dystiolaeth mor gywir â phosibl. Os nad oes tystiolaeth uniongyrchol ar gael, yna rhaid ymchwilio i wybodaeth o fannau eraill er mwyn dod o hyd i atebion sydd yn debygol o gyd-weddu â'r hyn o dystiolaeth sydd ar gael. 'Os nad yw'n gweithio, yna all e ddim â bod yn gywir, ond os yw'n gweithio yna mae'n bosib ei fod e'n gywir, a dyna beth yw gwir gynnydd' (Mark Hassall, 2001). Yn y modd yma, bydd ymgeision i ail-greu ffurfiau mwyaf tebygol yr elfennau coll ar safle yn aml yn cyfrannu at ddehongli archaeolegol yn ogystal â dealltwriaeth y cyhoedd.

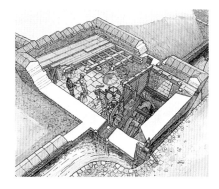

Melin ganoloesol Castell Caerffili gan Chris Jones-Jenkins (dyfrlliw ac inc, 1989, gyda diwygiadau 1997). Bu'r felin ar waith o'r drydedd ganrif ar ddeg i'r ail ganrif ar bymtheg. Mae'r ailgread hwn ar ffurf rhandoriad yn dangos y trefniadau a ddefnyddid i droi'r olwyn dros y rhod sy'n gyrru'r felin. Gall rhandoriadau fod yn fodd i gynnig dehongliadau gweledol eglur o strwythurau a pheirianweithiau cymhleth. Roedd y darlun hwn yn ganlyniad i waith ymchwil helaeth ar yr hyn sy'n weddill o'r strwythur, ac mae'n tynnu ar ddeunydd cymharol a chyngor gan arbenigwyr ar felinau. (Cadw)

Castell Coety, Pen-y-bont ar Ogwr, gan Dylan Roberts, fel yr edrychai'r adeilad o bosib wedi'r gwaith ail-wampio a wnaed arno yn yr unfed ganrif ar bymtheg (1990; pensel, inc a siercol: Hawlfraint y Goron, RCAHMW)

Yr Amffitheatr Rufeinig, Caerllion, gan J. A. Wright (pensel, 1928). Dengys Wright yr amffitheatr, a gloddiwyd ym 1926–7, y tu allan i gaer yr Ail Leng Awgwstaidd tua diwedd y ganrif gyntaf OC. Manteisiodd Mortimer Wheeler, Cyfarwyddwr Amgueddfa Genedlaethol Cymru o 1924 i 1926, ar y traddodiad lleol a soniai am y safle fel 'Bord Gron Arthur'. Noddwyd y gwaith cloddio (1926–7) gan y Daily Mail (dan arolygaeth Tessa Wheeler a Nowell Myres). Ar y pryd credid mai bencyn o bridd a gynhelid gan waliau carreg a oedd yn cynnal yr awditoriwm. Pennwyd yr uchder gwreddiol ar sail olion bwâu a gwaith fowtio yn y prif fynedfeydd. Roedd Wright, a oedd yn gweithio i'r Swyddfa Waith (rhagflaenydd i Cadw), yn gyfrifol am gynhyrchu'r cynlluniau a'r croestoriadau, yn ogystal ag atodiad ar gynllun a threfniadaeth yr amffitheatr yn yr adroddiad a gyhoeddwyd yn y cyfnodolyn Archaeologia (1928). (Amgueddfa Genedlaethol Cymru)

Yr Amffitheatr Rufeinig, Caerllion, gan Alan Sorrell (acrylig, 1939). Rhwng 1937 a 1940, bu Sorrell yn cydweithio'n agos gydag Amgueddfa Genedlaethol Cymru ar gyfres o ailgreadau archaeolegol, ac am y tro cyntaf, archaeoleg oedd flaenaf yn ei waith fel arlunydd. Mae'r olygfa hon yn benthyg peth gan y llun gan Wright, ond mae'n dangos mwy o weithgaredd a manylder yn yr ardal o amgylch yr amffitheatr. (Amgueddfa Genedlaethol Cymru)

Yr Amffitheatr Rufeinig, Caerllion, gan John Banbury (lliw afloyw, pensel, creon, dyfrlliw ac inc, 1988). Mae'r ailgread hwn hefyd yn dangos yr amffitheatr fel yr edrychai, o bosib, tua diwedd y ganrif gyntaf OC. Ganed John Banbury (1938–1997) yng Nghaerdydd a bu'n astudio celfyddyd fasnachol a dylunio graffeg yng Ngholeg Celfyddyd Abertawe. Seiliodd ef yr ailgread hwn ar ddarlun gan Robert Anderson (1981), a grëwyd ar y cyd â'r diweddar George Boon a Richard Brewer. Defnyddiodd Anderson, pensaer cadwraethol ar gangen o Adran yr Amgylchedd, yr un persbectif â darlun Wright (1920), ond gan gynnwys canlyniadau'r darganfyddiadau newydd a gafwyd yn ystod gwaith cloddio 1962. Gwelir fframwaith uchel o bren, yn hytrach na gwaith carreg yn unig, yn cynnal y rhesi uchaf o seddi. (Cadw)

Castell Caernarfon, Gwynedd, yn dangos ymosodiad lluoedd Madog ap Llywelyn ar y castell ym mis Medi 1294, gan Ivan Lapper (acrylig, pensel a chreon, 1993). Mae'r ailgread dychmygus hwn o ddigwyddiad hanesyddol yn defnyddio gwybodaeth o amryw o ffynonellau i greu argraff o ymosodiad y Cymry. Ar y pryd, nid oedd y gwaith adeiladu ar y castell o fewn mur y dref wedi mynd yn bell iawn, a galluogodd hyn y Cymry i losgi adeiladau pren y castell a difa'r dref. (Cadw)

Castell Cricieth, Gwynedd tua 1240, gan Ivan Lapper (acrylig, pensel a chreon, 1988). Mae yna gryn ddadlau o hyd ynglŷn â dyddiad yr hyn sy'n weddill o strwythur y castell, a diwygiwyd y dyddiad sawl tro. Mae'r llun hwn, sy'n adlewyrchu'r dehongliad cyfredol, yn dangos y cwrt mewnol a adeiladwyd gan Llywelyn ab Iorwerth rywbryd rhwng 1230 a'i farwolaeth ym 1240. Gall dehongliadau modern o hanes adeiladau fel y rhain gael eu diwygio ymhellach yn sgil gwaith ymchwil manylach. (Cadw)

Palas yr Esgob, Tyddewi, tua 1530, gan Alan Sorrell (dyfrlliw, creon, pensel ac inc, 1958). Adeiladwyd y rhan fwyaf o Balas yr Esgob, a saif yng nghlos y gadeirlan, ar orchymyn yr Esgob Henry de Gower (1328–47). Yn ôl y traddodiad mae yna gysylltiad rhwng ardal y gadeirlan a safle mynachdy Dewi yn y chweched ganrif. Mae Sorrell wedi canolbwyntio ar y gwahanol adeiladau a'r clos, gyda'r neuadd fawr ar y chwith. (Cadw)

Neuadd fawr Palas yr Esgob, Tyddewi, Sir Benfro, tua 1350, gan Terry Ball (dyfrlliw a lliw afloyw dros bensel, 1991, diwygiwyd 1999). Mae'r rhandoriad hwn o'r neuadd drawiadol, a adeiladwyd yn arddull Addurnedig pensaernïaeth Gothig yr Oesoedd Canol, yn dangos safle sgrîn bren i guddio gweision wrth iddynt ddod i mewn i'r neuadd o'r gegin, neu'r is-grofftydd islaw'r neuadd. Gwelir yr esgob a'i westeion wrth yr uchel fwrdd ym mhen pellaf y neuadd. Seiliwyd y darlun ar ddadansoddiadau pensaernïol newydd, ac mae archwiliad manwl o'r adeiladwaith sy'n weddill wedi caniatáu ailgread tybiadol o'r to cypledig enfawr (sydd bellach wedi diflannu). (Cadw)

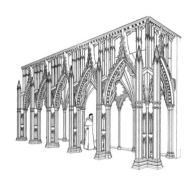

Y pulpitum, Abaty Tyndyrn, Sir Fynwy, tua 1325–30, gan Chris Jones-Jenkins (inc ar bapur trasio parhaol, copïwyd ar bapur, 1997). (Cadw)

RHOI'R GORFFENNOL YN ÔL AT EI GILYDD

Mae'n syndod weithiau pa mor agos y medrwn ddod at ail-greu'r hyn nad yw'n bodoli bellach. Mae gwaith ymchwil ysgolheigaidd a chydweithio rhwng arbenigwyr yn hanfodol bwysig i'r broses o ail-greu. Gall eu hymchwil hwy arwain ymhell y tu hwnt i'r hyn a archwiliwyd hyd yma, a sbarduno cwestiynau nas holwyd o'r blaen. Mewn ambell i achos gall projectau ail-greu fod yn fan cychwyn i raglen bwysig o waith ymchwil academaidd.

Sefydlwyd Abaty Tyndyrn yn Sir Fynwy ym 1131, yn ail fynachlog i urdd y Sistersiaid ym Mhrydain. Ailadeiladwyd rhannau helaeth o eglwys yr abaty rhwng 1269 a 1301, ac aeth y gwaith ar y tu mewn yn ei flaen wedi'r dyddiad hwnnw. Daeth Cadw â thîm o arbenigwyr ynghyd i ymchwilio i'r gwahanol gasgliadau o waith maen rhydd sydd yno, er mwyn medru deall y *pulpitum* o'r 14eg ganrif – sgrîn garreg hynod o addurnedig rhwng corff yr eglwys a'r côr. Bu arbenigwyr yn cydweithio dros sawl blwyddyn yn nodi ffurf y sgrîn (Stuart M. Harrison), ei dyddiad a'i phriodoliad (Richard K. Morris) a'i chyd-destun archaeolegol a hanesyddol (David M. Robinson). Roedd ffurf yr ailgread yn ganlyniad i waith cofnodi gofalus ar yr holl gerrig, a llawer o waith ymchwil cymharol. Wedi hynny rhoddwyd y darnau yn ofalus iawn at ei gilydd fel rhyw jig-so enfawr, a thynnwyd llun y cyfan gan yr arlunydd ail-greu, Chris Jones-Jenkins.

Ailgread ar ffurf rhandoriad o eglwys yr abaty yn Nhyndyrn, gan Terry Ball (dyfrlliw, 2002). Dengys y darlun yr addurnwaith a'r trefniadau liturgaidd mewnol tua 1330; damcaniaethol yw ffurf y flèche (tŵr) dros y croesiad a'r cyntedd y tu allan i ddrws y gorllewin. (Cadw)

PARATOI'R LLWYFAN

Nid cefndir yn unig i wahanol ddiwylliannau dynion mo pridd, llystyfiant ac anifeiliaid, ond yr union weryd y maent yn tarddu ohono.

Grahame Clark (o *Archaeology and Society*, 1960)

Nid olion go iawn adeiladau ac arteffactau yw'r unig sail i'n hanes ni. Gellir defnyddio ailgreadau i osod pobl, gwrthrychau a safleoedd yn eu cyd-destunau daearyddol ac amgylcheddol. Mae hinsawdd, priddoedd, llystyfiant a phob ffurf ar fywyd wedi esgor ar ffyrdd penodol o fyw ac wedi diffinio cyd-destun gweithredoedd pobl, hefyd. Anaml iawn y bydd y tir yn aros yr un fath; mae'n newid bob yn dymor, ac yn y tymor hir, hefyd. Yr hinsawdd sy'n gyfrifol am rai o'r newidiadau hyn, a phobl sy'n gyfrifol am eraill.

Mae gwell dulliau o adfer data yn cynnig cyfleoedd newydd ar gyfer ail-greu amgylcheddau'r gorffennol ac i asesu effaith pobl arnynt dros gyfnod o amser. Bydd arnofiant, proses o ddefnyddio dŵr rhedegog i hidlo samplau o bridd, yn dal hadau a thrwy hynny gynnig gwybodaeth am gnydau a phlanhigion eraill, heb sôn am esgyrn

Golygfa hela o gyfnod cynhanesyddol, tua 250,000 CC, gan Gino D'Achille (tua 1980), sy'n dangos Trwyn Penarth, Caerdydd (ar y chwith), Ynys Echni a Gwlad yr Haf yn y cefndir. Mae'r llystyfiant, yr anifeiliaid a lefel isel y môr yn gyferbyniad trawiadol â'r un olygfa heddiw. (Amgueddfa Genedlaethol Cymru)

Gwelir Castell Harlech, Gwynedd gan Alan Sorrell (1957) yn erbyn cefndir canoloesol, ar adeg pan fyddai llongau yn cludo nwyddau i'r castell, mae'n debyg. Erbyn heddiw mae'r môr wedi cilio dros gilomedr o bellter o'r castell. (Cadw)

cnofilod bychain a physgod. Bydd esgyrn anifeiliaid yn goroesi'n dda mewn priddoedd calchaidd, ac mae modd adnabod paill o briddoedd mwy asid a'i ddefnyddio i ddangos y mannau lle tyfai llystyfiant yn y gorffennol, yn goetir, yn borfa, yn brysgwydd neu'n ddôl. Gwelir y posibiliadau ar gyfer ymchwilio i amaethyddiaeth gynnar mewn gwahanol gylchfeydd bio-hinsoddol, a'u dehongli, ar Fferm Hynafol Butser yn swydd Hampshire, lle gwelir caeau, corlannau, tir pori a da byw: pum gwahanol frîd o ddefaid, geifr o'r hen fath Seisnig, gwartheg Dexter, adar hela o'r hen fath Seisnig ac ambell i faedd gwyllt Ewropeaidd neu Tamworth. Sefydlwyd y fferm gan Peter Reynolds (1939–2000) ym 1972 yn ganolfan ar gyfer ymchwil ac addysg, a'i nod yn wreiddiol oedd astudio amaethyddiaeth a bywyd cartref Oes yr Haearn, o'r cyfnod rhwng tua 400 CC ac OC 400. Mae gwaith ar y safle hwn a safleoedd eraill wedi chwyldroi ein syniadau am amaethyddiaeth gynhanesyddol yn yr Ewrop dymherus.

Mae'r olwg a fu gynt ar nodweddion naturiol fel bryniau, dyffrynoedd, gorlifdiroedd, afonydd a nentydd yn agweddau pwysig ar ail-greu archaeolegol. Efallai bod cnydau yn tyfu yn y caeau, neu lystyfiant naturiol, neu eu bod yn borfa i anifeiliaid. Trwy gyfuno tystiolaeth o ddogfennau a mapiau, dadansoddi tystiolaeth am ffiniau caeau gyda chymorth ffotograffiaeth o'r awyr a thystiolaeth o waith cloddio, gall darlunwyr droi diagramau a data 'sych' o fathau eraill yn bortread hynod o fyw o dirweddau hynafol.

Castell Lacharn a'r dref, Sir Gaerfyrddin, ganol y bedwaredd ganrif ar ddeg, gan Ivan Lapper (1994). Dangosir y cadarnle arfordirol hwn wrth geg Afon Taf fel yr edrychai o bosib cyn i Guy de Brian VII (m. 1390) wneud gwaith moderneiddio arno. Mae'r olygfa ar lefel y llygad yn tynnu'r gwyliedydd tua'r gweithgaredd yn y blaendir. (Cadw)

Dehongli Mewn Tri Dimensiwn

ARTEFFACTAU

Cloddio pobl, nid pethau, yw archaeoleg.

Syr Mortimer Wheeler (o *Archaeology from the Earth*, 1954)

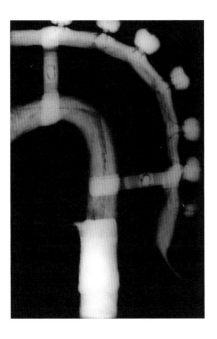

Radiograff pelydr-X o'r brigwn gwreiddiol, sy'n dangos y mwng. Gosodwyd saith rhybed yn y mwng, ac ychwanegwyd pen pob rhybed fesul un. Defnyddiwyd yr un dechneg gyda'r copi. (Amgueddfa Genedlaethol Cymru)

Yn aml, nid yw'r gwrthrychau a roddwn ar ddangos yn golygu rhyw lawer, ar yr olwg gyntaf, i'r bobl sy'n edrych arnynt. Os ydym am ddeall neges yr arteffactau hyn, rhaid eu dehongli. Dyma rai o'r cwestiynau cyffredin: beth yw e? Sut olwg oedd arno ers talwm? Sut roedd e'n gweithio? Sut cafodd ei wneud? Allan o beth cafodd ei wneud? Pa mor bwysig yw e? Mae ailgreadau o sut olwg oedd gynt ar wahanol arteffactau yn ffordd ddeniadol i ateb rhai o'r cwestiynau hyn. Y cam olaf yw dysgu gan y gwrthrychau eu hunain am y bobl a'u lluniodd ac a fu'n eu defnyddio ers talwm.

Prosesu deunyddiau crai, llunio ac addurno'r arteffactau, eu defnyddio, eu hail-ddefnyddio ac, yn y pen draw, eu taflu: gall y gwaith ymchwil ar bob un o'r agweddau hyn gynnig atebion i'r cwestiynau allweddol. Yn aml defnyddir replicâu i ddarlunio sut olwg oedd ar wrthrychau'n wreiddiol ac i archwilio technoleg eu gwneud. Gall hyn hefyd olygu weithiau droi at archaeoleg arbrofol wrth geisio ail-greu prosesau a aeth dros gof.

GOFAINT A BRIGYNAU

Ym 1852 daethpwyd o hyd i frigwn o Oes yr Haearn gyda therfynellau 'pen ych' ar ei ochr, gyda charreg fawr y naill ben iddo, mewn mawnog yng Nghapel Garmon, Llanrwst, Gwynedd. Mae'n bosib mai gwaith gof o Ogledd Cymru a oedd yn gysylltiedig â thŷ pennaeth (y noddwr) yn ystod y ganrif gyntaf OC oedd y brigwn haearn hwn. Byddai brigynau, a ddefnyddid bob yn bâr, yn sefyll ger yr aelwyd yng nghanol tŷ crwn. Roedd y gwrthrych yn cyfleu nifer o negeseuon. Mae cynllun y terfynellau yn asio grym pennau ychen corniog gyda myngau ceffylau, ac yn golygu felly bod yma un o wrthrychau haearn gwychaf celfyddyd Oes yr Haearn yn Ewrop. Mae ei ffurf a'i gywreinrwydd yn arwydd amlwg o gyfoeth ac awdurdod y noddwr, a phwysigrwydd y wledd. Rhoddwyd cryn werth ar frigynau fel y rhain ac yn aml dewiswyd eu claddu gyda'u perchnogion pan fyddent farw.

Lluniwyd replicâu o ddur meddal o frigynau Capel Garmon gan yr artist o of, David Petersen, ym 1991, i'w rhoi ar ddangos mewn atgynhyrchiad o dŷ crwn. Yn sgil radiograffeg pelydr-X o'r gwrthrych gwreiddiol, a ddangosodd fanylion newydd am ei adeiladwaith, lluniwyd 85 o wahanol ddarnau o haearn a'u cydio wrth ei gilydd, ynghyd â 30 o rybedi a 34 o bennau. Rhybedi sy'n cydio'r strwythur cyfan ac mae'n dangos meistrolaeth lwyr ar dechnoleg gwaith haearn.

Y replicâu o frigyrnau Capel Garmon. (Amgueddfa Genedlaethol Cymru)

Diagram o bwythau ar gyfer motiff ar forder y defnydd brodiog o grannog Llyn Syfaddan, Powys, gan Louise Mumford (2002). (Amgueddfa Genedlaethol Cymru)

DILLEDU BRENHINLIN

Darganfuwyd mân-ddarnau wedi'u deifio o liain brodiog ym 1990 yn ystod gwaith cloddio ar y crannog o'r Oesoedd Canol cynnar ar Lyn Syfaddan ym Mhowys. Adeiladwyd y cartref brenhinol hwn ar gyfer arweinwyr teyrnas Brycheiniog (sy'n cyfateb yn fras i Sir Frycheiniog heddiw) rhwng OC 889 ac 893, a chafodd ei ddinistrio gan fyddin o Fersia (Sacsoniaid) yn OC 916.

Darganfuwyd y lliain yn sawl haen, ar ffurf telpyn dyfrllawn. Yn yr Amgueddfa gwahanwyd y darnau yn ofalus a'u glanhau a'u gadael i sychu yn araf. Gwelwyd bod brodwaith sidan ar rai o'r darnau. Er bod y lliwiau llachar wedi tywyllu bellach, a bod y defnydd wedi treulio a breuo, dehonglwyd rhannau o'r cynllun trwy gyfrwng proses hynod o fanwl o gofnodi pwyth fesul pwyth. Golygai hyn ddargopïo edefion o ffotograffau wedi'u chwyddo, ac archwilio'r defnydd yn fanwl gyda meicrosgop. Wedi hynny rhoddwyd yr amlinellau asetad at ei gilydd a thynnu llun y cyfan eto.

Mae lliain Lyn Syfaddan yn dangos sgiliau brodio o radd uchel iawn ac ymwybyddiaeth o gynlluniau sidan o wledydd pell - elfennau sy'n gydnaws â'i bod yn eiddo i frenin neu frenhines. Gwnaed y gwaith brodio a'r gwniadwaith cyffredinol yn yr un fan, rhywle ym Mhrydain. Dim ond gwaith ymchwil pellach a ddengys ai yng Nghymru neu yn Lloegr y pwythwyd y wisg, yr oedd iddi ddolen gwregys.

Ailgread o gynllun y brodwaith, sy'n cynnwys sgroliau gwinwydd wedi'u symleiddio, gyda dail a sypiau o rawnwin, sy'n cynnwys amrywiol adar (Tony Daly, 2001). Mae gan ymylon y paneli forderi sy'n cynnwys parau o lewod neu gynlluniau geometraidd, ac mae plethau bychain o sidan yn cuddio'r gwniadau. Mae'n bosib bod motiffau o'r fath yn tynnu ar rai a oedd i'w gweld yn aml ar sidan wedi'i wehyddu o Ganolbarth Asia. (Amgueddfa Genedlaethol Cymru)

Ffotograffau wedi'u digideiddio o fotiffau ar y defnydd o grannog Llyn Syfaddan, sy'n awgrymu lliwiau posib a gafwyd o lifynnau naturiol. Ni wyddom pa liwiau a ddefnyddiwyd yn wreiddiol, ond mae'r math o liwiau a geir ar ddeunyddiau o'r cyfnod yn cynnig rhai awgrymiadau i ni. (Amgueddfa Genedlaethol Cymru)

CERBYDAU RHYFEL

Gall modelau graddfa fod yn ffordd effeithiol o'n helpu ni i ddeall strwythyrau cymhleth. Mae'r modelau hyn yn cynnig gwahanol ddehongliadau ar gerbyd rhyfel o ddiwedd Oes yr Haearn (tua 50 CC - OC 50), ac fe'u seiliwyd ar gelfi cerbyd o'r celc o waith metel a gafwyd ger glannau Llyn Cerrig Bach ar Ynys Môn. Mae yno drydydd posibilrwydd, oherwydd dengys y teiars haearn a gafwyd yn yr offrwm dystiolaeth am fodolaeth deg cerbyd o leiaf. Mae'n bosibl bod rhai ohonynt yn perthyn i wagenni pedair-olwyn neu gertiau dwy-olwyn yn hytrach na cherbydau rhyfel. Mae hir gysylltiad rhwng Brythoniaid Oes yr Haearn a cherbydau rhyfel - roedd y rhain yn gerbydau a oedd yn dod â bri a statws i'w perchennog, gan eu bod yn ysgafn ac eto'n gryf. Yn ôl y disgrifiadau a geir mewn ffynonellau clasurol, roeddent yn dwyn y cerbydwr a'r marchog, fel y gwelid ar ddarnau arian o'r cyfnod, ac yn cael eu tynnu gan barau o geffylau bychain o faint merlod.

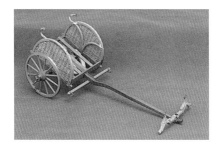

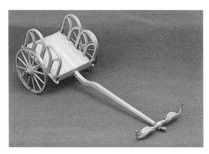

Seiliwyd y model cynharach (uchod, lluniwyd gan Mr H. R. Waiting, 1946) ar y dehongliad gan Syr Cyril Fox (Cyfarwyddwr Amgueddfa Genedlaethol Cymru 1926–48), sy'n ymgorffori tystiolaeth o'r Cyfandir. Mae gan y model hwn bâr o gyrn yn ddolenni i gydio ynddynt wrth esgyn i'r cerbyd, sgrinau ochr ar ffurf hanner-cylchoedd o waith basged, a dau afwyngylch ar yr iau. Mae'r model diweddarach (de, lluniwyd gan Mr C. Williams, 1978) yn ddiwygiad a gynhyrchwyd yng ngoleuni lluniau ychwanegol o gerbydau a gwaith ymchwil newydd. Credai'r Dr H. N. Savory (Ceidwad Archaeoleg 1955–76) erioed bod i'r cerbyd sgrinau ochr ar ffurf parau o gylchoedd agored. Bellach gwelir y capiau o gorn wedi'u cydio wrth bennau'r iau, ac mae pedwar afwyngylch ar hyd yr iau. (Amgueddfa Genedlaethol Cymru)

Mae gwaith ymchwil diweddar wedi awgrymu efallai fod cerbydau o Oes yr Haearn yn gymharol gyfforddus. Mae'n bosibl bod y cylchoedd agored yn cynnal cyfres o gareiau lledr a oedd yn dwyn llawr wedi'i wneud o blethwaith o strapiau o irgroen. Sail yr ailgread hwn o lawn faintioli gan Robert Hurford, a gomisiynwyd ar gyfer rhaglen y BBC Meet the Ancestors, yw claddedigaeth cerbyd rhyfel o'r 4edd ganrif CC yn Wetwang yn Swydd Efrog. (Yr Amgueddfa Brydeinig)

Pen-maen, Tŵr y Castell, Gŵyr, fel yr edrychai o bosib tua diwedd y ddeuddegfed ganrif neu ddechrau'r drydedd ganrif ar ddeg. Mae'r diorama yma o faintioli bach (lluniwyd gan Roy Herbert, tua 1968) yn cyfuno tystiolaeth o waith cloddio a wnaed ym 1960-61 gydag ailgread o sut olwg oedd, o bosib, ar y cylchfur gan Alan Sorrell. Rydym yn gwybod bellach fod rhai o'r manylion archaeolegol a welir yma yn anghywir. (Amgueddfa Genedlaethol Cymru)

DIORAMÂU

Yn ystod rhan olaf y bedwaredd ganrif ar bymtheg, ymatebodd amgueddfeydd i'r cynnydd mewn gwybodaeth ynglŷn â'r gorffennol trwy greu arddangosiadau o ddioramâu maint llawn o gynefinoedd, ac arddangosiadau o grwpiau bywyd llonydd. Roedd yr arddangosiadau a oedd i'w gweld yn yr *Exposition Universelle* ym Mharis ym 1889 (*L'Histoire de l'Habitation, L'Histoire du travail*) yn darlunio hynt llafuriol, materol a deallusol y ddynoliaeth trwy'r oesoedd. Roedd hon yn thema gyson yn ystod y cyfnod hwn.

Mae'r diorama hwn ar raddfa fechan o Dŵr y Castell, Pen-maen, yn un o gyfres o ddioramâu a seiliwyd ar safleoedd yng Nghymru o'r cyfnod Palaeolithig hyd y cyfnod Canoloesol Diweddar, ac a grëwyd ar gyfer yr orielau archaeoleg newydd a agorwyd yn Amgueddfa Genedlaethol Cymru gam wrth gam o 1965 ymlaen. Paentiodd yr arlunydd lleol, Arthur Miles, gefndiroedd y dioramâu cynharach ar y byrddau cefndir crwm. Modelwyd y blaendiroedd gan Harry Gear, technegydd yn yr Adran Archaeoleg. Crëwyd dioramâu mwy diweddar gan Roy Herbert, gwneuthurwr modelau cwyr yn yr Adran Fotaneg.

Pen-maen, Tŵr y Castell, Gŵyr, gan Terry Ball (1987). Mae'r olygfa gyffredinol hon yn darlunio ymosodiad ar y cylchfur. Yn ystod yr ymosodiad hwn llosgwyd tŵr y porth o gyfnod I i'r llawr. Dinistriwyd y castell cyfan gan y tywysog Rhys Gryg (m. 1233), cynghreiriad i Llywelyn ab Iorwerth, ym 1217. Swynwyd Terry Ball erioed gan y wlad o amgylch y safleoedd sydd ar Benrhyn Gŵyr, a'r berthynas rhwng yr adeilad a'r dirwedd. Mae'r ailgread hwn yn wahanol i'r diorama o'r 1960au, gan ei fod yn cynnwys tystiolaeth newydd o safleoedd eraill ynglŷn â sut olwg, mae'n debyg, oedd ar y rhagfur o'r tu mewn, a chynllun y tu mewn, sydd yn llawn adeiladau pren gyda thoeon serth. (Cadw)

ASENNAU CWCH A MODELAU MAINT LLAWN

Weithiau bydd angen ail-greu'r broses gynllunio ac adeiladu cyn y gellir cadarnhau'n foddhaol sut ffurf oedd ar wahanol ddarganfyddiadau.

Ym 1994, cloddiwyd ac adenillwyd gweddillion cwch canoloesol mawr, a adeiladwyd tua OC 1241, o'r lleidiroedd rhynglanwol ger Pîl Magwyr yn aber Afon Hafren. Wedi i asennau'r cwch gael eu cofnodi, comisiynodd Amgueddfeydd ac Orielau Cenedlaethol Cymru fodel maint-llawn o'r hyn oedd yn weddill o strwythur corff y llong er mwyn penderfynu ar ffurf fwyaf tebygol y cwch gwreiddiol.

Roedd diffinio'r prif elfennau a hyd, lled a maint y cwch yn ei gyfanrwydd ar sail asennau anghyflawn, drylliedig a cham yn debyg i geisio gorffen jig-so mewn tri dimensiwn oedd wedi colli llawer o'i ddarnau. Un o'r elfennau sy'n pennu ffurf cwch o'r fath yw'r ffordd y mae'r estyll yn ymateb i law y saer. Y ffordd orau o ail-greu'r rhan yma o broses 'gynllunio' y cwch gwreiddiol oedd llunio model mawr. Model o lawn faintioli ar sail amlinell o'r asennau gwreiddiol oedd yr ateb mwyaf manwl i'r ffordd gywir o osod yr asennau a'r cydiad. Bu'r model yn demplad ar gyfer y gwaith cadwraeth ar yr asennau gwreiddiol a bydd yn gymorth pan osodir hwy'n ôl at ei gilydd yn y dyfodol.

Dangosodd yr ailgread mai cwch deuben, sefydlog iawn a fedrai gludo cryn lwyth oedd hwn. Yn wreiddiol roedd y cwch o leiaf 13.2m o hyd ac roedd ganddo rig un hwyl sgwâr. Medrai hwylio ar hyd yr arfordir ac allan i'r môr mawr, ar gyflymder o ryw chwech neu saith not os oedd yr awel yn gymhedrol. Mwyn haearn o ansawdd uchel oedd y cargo a oedd yn weddill ar y cwch, a hynny mae'n debyg o Forgannwg (ardal Meisgyn/Llantrisant), ar ffurf powdr yn ogystal â chnapiau.

Cwch Pîl Magwyr yn ystod y gwaith cloddio ym 1994. (Amgueddfa Genedlaethol Cymru)

Y model o lawn faintioli o gwch Pîl Magwyr a luniwyd gan E. W. H. Gifford a chrefftwyr yng nghwmni Griffon Hovercraft Ltd, Southampton. (Amgueddfa Genedlaethol Cymru)

*Saethwr o'r bymthegfed ganrif gynnar, gan Stiwdio
David Hayes (2002). Gwnaed y dillad gan Jane
Cowood. Mae gan y saethau bennau 'nodwydd'
o ddur meddal. Replicâu ydynt o enghreifftiau a
gafwyd yng Nghastell Cricieth yng Ngwynedd.
Mae gan y replica o'r bwa hir linyn tynnu o liain
ac fe'i seiliwyd ar enghreifftiau sydd i'w gweld yn
y llawysgrifau, ac ar rai a gafwyd o longddrylliad y
Mary Rose (1545). Seiliwyd llawer o'i offer ar
wrthrychau sydd yng nghasgliadau'r amgueddfa,
fel y ddagr rondel o ddechrau'r bymthegfed ganrif
(a seiliwyd ar enghraifft gafwyd tua 1880 ger Castell
Dolwyddelan yng Nghonwy), ac fe'u lluniwyd gan
White Rose Armoury & Heritage Arms, cwmni
gwaith haearn Hector Cole a Bickerstaffe Bows.
(Amgueddfa Genedlaethol Cymru)*

ARTEFFACTAU YN EU CYD-DESTUN

For the garniture of the castle at Kidwelly... We order that... you buy six habergeons, six basinets, six visors, six pairs of vambraces, six pairs of gauntlets, six jacks, 12 lances, six poleaxes, 40 bows, 12 dozen arrows for the bows, 80 bushels of arrows... 18 cords for the crossbowmen, six crossbows, a windlass, a pulley for the crossbows...

Dyfyniad o archeb am arfau ac arfwisg a ddyddiwyd 30 Tachwedd 1405, i'w hanfon i Gastell Cydweli yn ystod Gwrthryfel Owain Glyn Dŵr (Y Swyddfa Gofnodion Cyhoeddus DL42/15 ffol. 177)

Seiliwyd yr helmed basinet wyneb agored ar enghreifftiau o'r cyfnod, a defnyddiwyd yr un fath o offer ag a welid mewn gweithdy yn yr Oesoedd Canol i'w llunio. Mae pelydr y saethau yn cynnwys darnau o gorn ac fe'u plufiwyd â phlu gwyddau. (Amgueddfa Genedlaethol Cymru)

Hanes unigolion yw ein gorffennol ac rydym yn ymateb rwyddaf i bobl eraill. Mae modelau yn fodd i ni bontio'r gagendor rhwng arteffactau a bywydau'r bobl, trwy gynnig cyd-destun dynol ar gyfer gwrthrychau a fyddai'n cael eu dangos, fel arall, ar eu pennau'u hunain. Mae galw am ymchwil helaeth wrth greu unrhyw ffigwr o'r gorffennol. Er enghraifft, pa fath o sandalau a wisgid gan lengfilwr Rhufeinig yng Nghaerllion? A fyddai gan saethwr o Gymro o'r 15fed ganrif fwa hir neu fyr? Mae gofyn cadarnhau llawer o fanylion fel y rhain cyn y gellir llunio ffigwr.

Mae'r ffigwr hwn yn dangos saethwr o Gymro o gyfnod Owain Glyn Dŵr (tua 1359-1415), bonheddwr o Gymro a fu'n arwain gwrthryfel yn erbyn Coron Lloegr rhwng 1400 a thua 1410. Cafwyd yr osgo cywir ar gyfer y ffigwr trwy dynnu llun a mesur arbenigwr ar y bwa hir. Mae'r model gorffenedig yn gwisgo crys o liain o dan siaced gwiltiog â llewys byrion wedi ei gwneud o wlân naturiol. Mae defnydd y got lifrai o wlân gwyrdd a gwyn yn debyg i hwnnw a brynwyd i wnïo siacedi a chwflau ar gyfer y saethwyr o Gymry o *Flynt* a oedd yng ngwasanaeth Edward, y Tywysog Du, ym 1346. Ar ei goesau mae'n gwisgo sanau hirion o wlân ysgafn, wedi eu llifo yn lliw coch tywyll gyda llifyn lliw madr naturiol, a thros y rhain bâr arall o legins y gellid eu gostwng hyd y fferau (gwlân brown tywyll/llwyd). Mae hefyd yn gwisgo coiff neu benwisg o liain o dan ei helmed, cwfl gwlân ar ei ysgwyddau a phâr o esgidiau lledr undarn sy'n cyrraedd hyd y ffer.

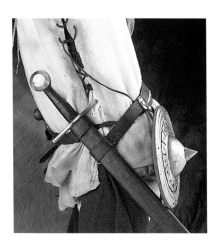

Seiliwyd y cleddyf ar enghraifft o'r bedwaredd ganrif ar ddeg a gafwyd yn y ffos yng Nghastell Caerdydd. Mae'r fwcled (sef tarian fechan) yn gopi o un a gollwyd yn Llundain yn y 1380au. Rhiwabon a Wrecsam oedd y prif ganolfannau lle gwneid bwcledi yn y bymthegfed ganrif a'r unfed ar bymtheg, a defnyddiai'r beirdd nifer o drosiadau i ddisgrifio'u cynnyrch: 'llun haul yn llawn o hoelion', 'lleuad valen llwyd filwr' (Gutun Owain); 'planedau mewn diliau dur' (Tudur Aled), 'clwstwr dur, clos da i'r dwrn' (Huw Cae Llwyd). (Amgueddfa Genedlaethol Cymru)

Chwith: Gwarchae ar gastell cadarn yn yr Oesoedd Canol, o The Thebais of Statius, Ffrainc, tua 1400. Y bwa hir oedd yr arf mwyaf dychrynllyd oll gan elynion. Byddai saethwr yn dechrau ar ei hyfforddiant yn gynnar iawn, a golygai ei fedr corfforol sylweddol a'i reolaeth feddyliol y medrai dynnu pwysau o rhwng 44kg a 83 kg a saethu'n gywir dros bellter o 262 medr fan leiaf. (Llundain, Y Llyfrgell Brydeinig, Burney MS 257 ffol. 168)

Yr ailgread dylanwadol o'r rhagfur a'r porth dwyreiniol yng Nghaer Rufeinig Lunt yn Baginton (yn dangos y Peirianwyr Brenhinol yn adeiladu'r porth dwyreiniol ym 1970). Byddai golwg digon tebyg ar lawer o geyrydd Cymru yn y ganrif gyntaf.

Tanio ffwrnais Oes yr Haearn yn Amgueddfa Werin Cymru ym 1998. Mae pob mwyndoddiad yn cymryd diwrnod cyfan o waith gan dri ac yn defnyddio hyd at 30kg o fwyn haearn a 100kg o siarcol i gynhyrchu un pwdl haearn (cnepyn o haearn sorllyd) sy'n pwyso hyd at 7kg. Byddai modd gweithio biled llai o haearn o hwn. Cynhaliwyd arbrofion tebyg ar dechnoleg gwneud haearn yn y cyfnod cynnar yng Nghanolfan Astudio Parc Cenedlaethol Eryri ym Mhlas Tan y Bwlch ym Maentwrog.

ADEILADU ER MWYN ARBROFI: DYSGU'R FFORDD GALED

Mae'n golygu dim mwy a dim llai na sianelu cywreinrwydd deallus tuag at archwilio ymddygiad dynol mewn termau sy'n rhai hanfodol ymarferol.

J. Coles (o *Archaeology by Experiment*, 1973)

Mae yna lawer o gwestiynau ynglŷn â'r gorffennol na all archaeoleg mo'u hateb. Nod archaeoleg arbrofol yw rhoi ar brawf gwahanol ddamcaniaethau sy'n seiliedig ar dystiolaeth archaeolegol. Mae'n ceisio pontio'r bwlch rhwng y wybodaeth sydd ar gael i ni heddiw, a'r hyn a allai fod wedi digwydd. Un ffurf drawiadol ar archaeoleg arbrofol, pan fo gwaith ymchwil academaidd a gwyddonol yn gynsail iddi, yw ail-greu ar faint llawn adeiladau, cloddweithiau, cychod a magnelau. Mae enghreifftiau eraill o brofion tebyg yn cynnwys defnyddio llestri a thanio odynau, llunio a defnyddio arteffactau, ac ail-greu yr hyn yr oedd pobl yn ei fwyta, eu coluron a'u moddion.

Un arbrofwr cynnar oedd y Cyrnol Augustus Henry Lane Fox (a adwaenid yn ddiweddarach dan yr enw y Cadfridog Pitt-Rivers, 1827–1900). Comisiynodd gopïau o offer cynhanesyddol a gafwyd o gloddfeydd fflint y bu'n eu cloddio ym 1876, yn ogystal â modelau mewn pren neu wifren a phlastr o safleoedd fel y siambr gladdu gynhanesyddol ym Mhentre Ifan yn Sir Benfro. Arloeswr cynnar o Almaenwr oedd yr Uwchgapten E. Schramm, a ddangosodd i Kaiser Wilhelm II ym 1904 replicâu o fagnelau Rhufeinig ar waith. Ond weithiau mater o adfer henebion sydd yno'n barod yw ail-greu, er enghraifft trwy ailadeiladu llawer o Fur Hadrian fel y gwnaeth John Clayton yn y 1830au –50au, ac ailgodi'r bwa cerrig gorllewinol sy'n rhan o'r cylch mawr o Oes yr Efydd yn Avebury, fel y gwnaeth Alexander Keiller yn y 1930au. Bryd arall, gellir rhoi prawf ar ddulliau adeiladu. Ym 1954 recordiodd Paul Johnson a'r BBC y broses o gludo replica concrit o garreg las o Gôr y Cewri ar gychod ar hyd afon Avon ac ar gar llusg ar y tir, er mwyn rhoi prawf ar y ddamcaniaeth y gallesid eu symud o fynyddoedd y Preseli yng ngogledd Sir Benfro gyda nerth bôn braich.

Arbrofion hir-dymor yw rhai, a gellid galw'r ailgreadau hyn yn 'lluniadau dychmygol' neu 'efelychiadau'. Cofnodi a deall y ffordd y bydd y tywydd yn effeithio ar wrthgloddiau yw nod arbrawf a gychwynnodd yn Overton Down, swydd Wiltshire, ym 1960. Roedd yr ailgread arbrofol arloesol o un rhan o'r rhagfur Rhufeinig o dyweirch a phren yng Nghaer Rufeinig Lunt yn Baginton (1966) yn archwilio technegau adeiladu yn ogystal ag effeithiau'r tywydd, a hynny ar y safle gwreiddiol. Rhydd efelychiadau o'r porth dwyreiniol o bren (1970), graenar a rhedfa ar ffurf cylch o'r enw'r 'gyrus' (1973), argraff fyw o'r math o gaer a adeiladwyd adeg goresgyniad y Rhufeiniaid ar Gymru yn y ganrif gyntaf OC.

Gwelwyd amgueddfeydd awyr agored gyda chasgliadau o adeiladau yn darlunio bywyd gwledig am y tro cyntaf yn Sgandinafia ar ddiwedd y bedwaredd ganrif ar bymtheg. Agorodd Amgueddfa Werin Cymru ym 1948, ar dir Castell Sain Ffagan ar gyrion Caerdydd, ac ers hynny mae wedi ymsefydlu'n un o amgueddfeydd awyr agored gorau Ewrop. Ei phrif bwrpas yw darlunio a dehongli bywyd a gwaith beunyddiol pobl Cymru o'r Oesoedd Canol hyd heddiw. Mae'r adeiladau hanesyddol a arbedwyd rhag mynd â'u pennau iddynt neu gael eu dymchwel, ac a gafodd eu hailgodi ar dir yr amgueddfa, yn rhan bwysig o'i chasgliadau. Un o'r adeiladau cyntaf i'w hailgodi ar ddechrau'r 1950au oedd ysgubor ag iddo nenffyrch pren a ddyddiwyd yn ôl cylchoedd coed i tua 1550. Adferwyd yr adeiladau o'r Oesoedd Canol a'r cyfnod diweddarach yn ofalus i'w cyflwr gwreiddiol, ond mae rhai o'r strwythurau sydd ar ddangos yn yr awyr agored yn 'efelychiadau' o lawn faintioli mewn tri dimensiwn o strwythurau cynharach, ar sail tystiolaeth archaeolegol. Ym 1992, cwblhawyd efelychiad o anheddiad o Oes yr Haearn, ac estynnwyd amrediad cronolegol yr efelychiadau yn ddiweddarach i'r Oes Efydd gynnar trwy ail-greu cylch pren tebyg 'ar ddelw' Côr y Cewri. Seiliwyd hwn ar waith cloddio ym 1990–91 ar y cylch pren yn Sarn-y-bryn-caled, ger y Trallwng ym Mhowys (dyddiwyd tua 2100 CC).

Gwelodd y 1980au a'r 1990au ddiddordeb o'r newydd mewn ail-greu safleoedd o wahanol fathau a chyfnodau. Ailgrëwyd anheddiad o Oes yr Haearn ym mryngaer Castell Henllys yng ngogledd Sir Benfro, a gloddiwyd gan Brifysgol Caerefrog. Ar y safle hwn, ailgrëwyd tai crwn yn eu safleoedd gwreiddiol o fewn olion caer bentir yn y mewndir. Gan eu bod ar y safle gwreiddiol ('*in situ*', fel Caer Rufeinig Lunt), mae'r efelychiadau yn ffordd fwy effeithiol fyth o ddod ag ymwelwyr yn nes at y gorffennol. Mae Canolfan Lychlynnaidd Jorvik yng Nghaerefrog, a agorwyd ym 1984 (a'i ddiwygio yn 2001), wedi chwyldroi dehongli safleoedd archaeolegol trwy gyfuno ailgreadau o adeiladau a ailgloddiwyd o Gaerefrog y ddegfed ganrif mewn *tableaux* gydag arddangosiadau ar y dystiolaeth archaeolegol. Mae i greadigaethau o'r fath fanteision addysgol ffurfiol ac anffurfiol, yn arbennig pan fo ymwelwyr yn rhan o'r broses ddehongli ar y safle ac yn cymryd rhan ryngweithiol ynddi trwy gyfrwng dehonglwyr.

Ailgrëwyd yr adeiladau hyn o'r drydedd ganrif ar ddeg a'r bedwaredd ganrif ar ddeg yn Cosmeston ger Penarth, Bro Morgannwg, in situ, yn sgil y gwaith cloddio ar y pentref canoloesol, a gychwynnwyd ym 1977 gan Ymddiriedolaeth Archaeolegol Morgannwg-Gwent. Rheolir y safle, sydd bellach yn rhan o Barc Gwledig Llynnoedd Cosmeston, gan yr awdurdod lleol ac mae'n dehongli bywyd yn yr Oeseodd Canol, trwy gymorth dehonglwyr hanes byw. (Ymddiriedolaeth Archaeolegol Morgannwg-Gwent Cyf.)

PEIRIANNAU RHYFEL

Ym 1991 comisiynodd Cadw waith ymchwil, cynllunio ac adeiladu ar replicâu o bedair injan ryfel o'r Oesoedd Canol - *ballista* (bwa croes enfawr), *magonel* (catapwlt ag iddo fraich daflu wedi ei gyrru gan gengl fawr o raff, gewyn neu wallt cordeddog), *perrier* (catapwlt a oedd yn taflu cerrig ac a yrrid gan lifer dan rym tîm o ddynion yn tynnu rhaffau) a *trébuchet* (catapwlt a yrrid gan lifer, y mwyaf effeithiol o'r holl beiriannau rhyfel, dan rym pwysau blwch a lenwid â cherrig). Adeiladwyd y replicâu hyn, sydd bellach ar ddangos yng Nghastell Caerffili, i'w llawn faint ac ar lawn waith, ac fe'u defnyddiwyd mewn arddangosiadau rheolaidd. Mae eu cyrraedd yn dibynnu ar bwysau'r taflegryn (cafwyd peli cerrig oedd yn pwyso tua 25kg yng Nghymru), a faint o rym a ddefnyddiwyd. Mewn profion yng Nghaerffili, taflodd y *perrier*, dan rym chwe dyn, pelen garreg o 5kg o bwysau

110m o bellter, a thaflodd y *magonel* belen garreg 4kg am bellter o 80m. Yn y cyfamser taflodd y *trébuchet* beli mwy o lawer o 15kg neu fwy hyd bellter o 120m. Roedd magnelau yn gyffredin iawn trwy gydol yr Oesoedd Canol, ac mae cofnodion y cyfnod yn aml yn

disgrifio'n fyw iawn mor effeithiol oeddynt. Syrthiodd Castell Dolforwyn ym Mhowys a Chastell y Dryslwyn yn Sir Gaerfyrddin ill dau dan belediad y *trébuchet* yn ystod rhan olaf y drydedd ganrif ar ddeg, a chafwyd carnau o belenni cerrig yng Nghastell Harlech.

PENTREF O OES YR HAEARN

Ym 1992 comisiynodd Amgueddfa Werin Cymru y Dr Peter Reynolds, sylfaenydd Fferm Hynafol Butser yn swydd Hampshire, i ail-greu pentref 'Celtaidd' o Oes yr Haearn. Adeiladwyd bencyn â ffens byst a ffos o amgylch y pentref, graenar pedwar postyn, ffrâm neu resel dal ar gyfer sychu bwyd i'r anifeiliaid a phorth o bren. Ailgrëwyd tri thŷ crwn i gynrychioli rhai a gafwyd yng Nghymru. Fe'u seiliwyd ar gynlluniau tŷ â muriau stanciau a gloddiwyd o fryngaer Moel y Gaer, Rhosesmor, Sir y Fflint (cloddiwyd 1972–74), tŷ crwn ag iddo furiau cerrig o Conderton Camp, swydd Gaerwrangon (cloddiwyd 1958–59) a thŷ crwn cylch pyst mawr o Foel y Gerddi, ger Harlech, Gwynedd (cloddiwyd 1980–81). Gyda dehonglwyr, mae'n cyfleu darlun byw iawn o fywyd 2,000 o flynyddoedd yn ôl.

Dr Peter Reynolds ar waith ar do tŷ crwn.

Y pentref Oes yr Haearn gorffenedig yn Amgueddfa Werin Cymru.

EGLWYS CYN Y DIWYGIAD PROTESTANNAIDD

Ailgodi ac ailwampio eglwys ganoloesol Llandeilo Tal-y-bont, Pontarddulais, ger Abertawe, yw un o brojectau mwyaf uchelgeisiol Amgueddfa Werin Cymru hyd yma. Rhoddwyd y gorau i ddefnyddio'r eglwys tua 1970 ac fe'i cynigiwyd i'r amgueddfa ym 1984. Flwyddyn yn ddiweddarach, dechreuwyd ar y broses ofalus o dynnu'r strwythur yn ddarnau. Datgelodd y gwaith archaeolegol uwchlaw'r ddaear, ymhlith pethau eraill, ddwy gyfres o baentiadau mur pwysig o gyfnod cyn y diwygiad Protestannaidd. Cofnodwyd y rhain a gwnaed gwaith cadwraeth arnynt. Ailbaentiwyd yr eglwys gyfan tua 1500 gyda golygfeydd o fywyd Crist. Penderfynwyd ailadeiladu ac ailwampio'r eglwys fel y byddai tua 1520, gan ddefnyddio awgrymiadau pensaernïol a gofnodwyd yn ystod y broses o ddatgymalu'r eglwys, a chanlyniadau gwaith cloddio archaeolegol a ddatgelodd sylfeini'r muriau.

Yr eglwys ganoloesol, fel yr edrychai o bosib tua 1520, gan Jane Durrant (dyfrlliw, tua 1992). Bu Durrant yn gweithio ar y safle cyn i'r eglwys gael ei datgymalu: 'mae angen calon ar ddarlun, ac mae 'nabod safle yn fanwl yn gymorth i sicrhau hyn'. (Amgueddfa Genedlaethol Cymru)

Uchod ac i'r dde: *Y gwaith ailgodi sy'n digwydd i'r eglwys yn mynd rhagblaen yn 2002. (Amgueddfa Genedlaethol Cymru)*

Edrych ar Bobl

GAN ANGAU MAE'R GAIR OLAF

Gellid cymharu olion dynol â chyfrolau mewn llyfrgell o fywydau a fu, sy'n cynnwys hanes bywydau llawer o wahanol bobl. Mae'r rhain yn ddeunydd crai ar gyfer astudio pynciau fel y teulu, iechyd, glanweithdra, deiet, arferion claddu a galwedigaethau'r gorffennol.

Nid mater i'w gymryd yn ysgafn yw tarfu ar fedd. Archwilir cyrff dan drwydded gan y Swyddfa Gartref, a hynny gyda pharch a phob gofal. Cedwir cofodion manwl o safle'r ysgerbwd a'i gyd-destun. Bydd arbenigwyr yn astudio'r gweddillion i bennu oedran yr unigolyn ar yr adeg y bu farw a'i ryw, taldra, cryfder, corffolaeth a chyflwr ei iechyd. Bydd anthropoleg fforensig yn ceisio adnabod unigolyn a'r ffordd y bu farw, unrhyw elfen sy'n wahanol i'w ymddangosiad arferol ac unrhyw anafiadau a achoswyd iddo.

Mae datblygiadau mewn technegau gwyddonol, astudiaethau ar y genom dynol, a phalaeopatholeg yn ei gwneud hi'n gynyddol bosibl i ni ddod i wybod mwy am ein hynafiaid, ac o ble y daethant. Trwy ddehongli olion dynol mewn modd sensitif, mae'n bosib codi awgrymiadau sy'n galluogi arbenigwyr i ail-greu manylion am fywydau'r gorffennol, a'r bydoedd lle bu'r bobl yma'n byw.

Siambr gladdu Neolithig Tinkinswood, Sain Nicolas, Bro Morgannwg gan Alan Sorrell (gouache/lliw afloyw ac inc ar bapur, 1940), ar sail gwaith cloddio gan John Ward ym 1914. Mae'r ddelwedd hon o tua 4000–3500 CC yn canolbwyntio ar y stori ddynol ac yn ail-greu defod a oedd yn cynnwys y gymdeithas leol ac aberthu defodol. Dechreuai gwaith paratoi manwl Sorrell gydag ymweliad â'r safle, lle y byddai'n ceisio 'treiddio i feddwl yr hen adeiladwyr gynt, a chael rhyw flas ar eu hanawsterau, a'u camp'.

AILDDEHONGLI BYWYDAU'R GORFFENNOL

Have you heard of the Woman so long under Ground
Have you heard of the Woman that Buckland has found
With her Bones of empyrial Hues?
O fair ones of modern Days, hang down your head
The Antediluvians rouged when Dead
Only granted in lifetime to you

Cyfansoddwyd ym 1823 gan un o fyfyrwyr Buckland, o bosib Philip Bury Duncan (1772–1863), a fu'n ddiweddarach yn Geidwad Amgueddfa Ashmole, Rhydychen.

Ym 1823 bu William Buckland (1784–1856), diwinydd ac Athro Daeareg ym Mhrifysgol Rhydychen, yn cloddio yn Ogof Goat's Hole, Pen-y-fai ar benrhyn Gŵyr. Daeth ar draws ysgerbwd wedi ei staenio'n goch. Teimlai mai ymyrraeth oedd y dyddodyn hwn, ac ymwrthod â'r syniad bod yma brawf o fodolaeth rhyw fod ar ffurf ffosil. Ei awgrym cyntaf oedd mai esgyrn un o ddynion y doll a lofruddiwyd gan smyglwyr oedd y rhain. Erbyn iddo gyhoeddi manylion ei ddarganfyddiad flwyddyn yn ddiweddarach, roedd yr ysgerbwd a staeniwyd ag ocr wedi troi'n 'painted lady' a fu'n boddhau anghenion y garsiwn Rhufeinig gerllaw. Yn sgil gwaith cloddio pellach gan William Sollas ym 1912, ailddehonglwyd 'Y Ddynes Goch' fel claddedigaeth ddefodol yn dyddio'n ôl i'r cyfnod Palaeolithig Uwch. Ym 1960, gyda dyddio radiocarbon, bu'n bosibl i'w dyddio i ryw 18,460 +/- 340 o flynyddoedd yn ôl, sy'n cyd-daro ag anterth Oes yr Iâ ddiwethaf. Bellach, ailaseswyd y gladdedigaeth, y gwyddys bellach mai dyn oedd ef, gan yr Athro Aldhouse-Green a'r Athro Trinkhaus, a chafwyd dyddiad radiocarbon cywirach o 25,840 +/- 280 o flynyddoedd yn ôl.

Trychiad trwy Ogof Pen-y-fai o gyfrol Buckland Reliquiae Diluvianae (1823), yn dangos yr ysgerbwd ymhlith gwaddodion lle mae nifer o esgyrn ffosil i'w cael. Ni fedrai Buckland dderbyn fod esgyrn 'cynddylifol' anifeiliaid fel y mamoth a'r rhinosoros gwlanog, a oedd yn gorwedd yn yr un gwaddodion, yn dyddio o'r un cyfnod â'r gladdedigaeth. Yn ôl ei ffordd ef o feddwl, dylai'r anifeiliaid fod wedi eu difa gan y Dilyw.

Y gladdedigaeth ddefodol yn Ogof Pen-y-fai, Gŵyr, gan Gino D'Achille (olew ar fwrdd, tua 1980). Pan baentiwyd y darlun hwn credid fod y gladdedigaeth yn dyddio i'r cyfnod 35–28,000 CC. At ddibenion artistig dangosir y corff mewn bedd bas, a phowdwr ocr coch yn cael ei dywallt drosto. Mae twndra agored Gwastadedd Môr Udd i'w weld trwy geg yr ogof. Cafwyd y corff yn wreiddiol ger wal yr ogof, ac mae trefniant dramatig y bobl a welir yn y ddefod yn annhebygol. Awgryma ymchwil ddiweddar efallai i'r ocr coch gael ei daenu ar y dillad cyn gwisgo'r corff; dim ond darnau byr o ffyn ifori a gafwyd gyda'r gladdedigaeth ond fe'u dehonglwyd fel gwiail yn y llun, yn hytrach na blanciau ar gyfer gweithdy ifori. Mae'n bosib bod y gwahaniaeth amlwg yn nyfnder y staenio wrth y wasg a'r fferau yn arwydd o ddillad deuddarn ac esgidiau.

Model o'r gladdedigaeth ddefodol yn Ogof Pen-y-fai, a grëwyd ym 1996 ar sail ailasesiad o'r dystiolaeth archaeolegol. Roedd y dyn hwn rhwng tua 25–30 mlwydd oed pan fu farw, a rhyw 1.74m o daldra. Mae dadansoddiad isotop sefydlog o'r carbon a'r nitrogen yn yr esgyrn wedi cadarnhau bod y deiet yn cynnwys rhyw gymaint o fwyd y môr. Mae ei gyfres DNA yn cyfateb i'r llinach Ewropeaidd fwyaf cyffredin ac mae'n dangos y gellir olrhain ein gwreiddiau, nid i'r ffermwyr cyntaf fel y credid ar un adeg, ond i ddyfodiad pobl fodern i Ewrop.

HEREDITY

I am the family face;
Flesh perishes, I live on,
Projecting trait and trace
Through time to times anon,
And leaping from place to place
Over oblivion.

The years-heired feature that can
In curve and voice and eye
Despise the human span
Of durance – that is I;
The eternal thing in man,
That heeds no call to die.

Thomas Hardy (1840–1928)

WYNEBAU: NYNI YW EIN HYNAFIAID

Sut ydym ni wedi newid trwy'r oesoedd? Mae'r traddodiad o ail-greu wynebau yn hen, hen grefft. Darganfuwyd rhai o'r ymgeision cynharaf i ail-greu arwyddion wynebau trwy osod plastr ar benglogau yn Jericho; maen nhw'n dyddio o'r cyfnod Neolithig (tua 7500–5500 CC). I'r byd canoloesol a'r byd clasurol, roedd paentio portreadau a cherfluniau yn rhoi rhyw syniad am sut olwg oedd ar unigolion, ac mae awduron cynnar wedi gadael cofnod am bobl mewn geiriau. Wrth gwrs bydd portreadau yn aml yn dangos rhyw elfen sy'n adlewyrchu cymeriad neu safle cymdeithasol y gwrthrych, a byddai'r arlunydd weithiau yn cynnwys nodweddion nad oeddent yn perthyn i'r gwrthrych mewn gwirionedd, er mwyn gwenieithu iddo.

Mae'n debyg bod llawer o bobl yn Ewrop yr Oesoedd Canol a chynt yn edrych yn ddigon tebyg i bobl a fagwyd yn y wlad ar ddechrau'r 20fed ganrif, yn bell o ddylanwadau'r dref. Ers hynny arweiniodd newidiadau yn y math o fwydydd a fwytawn, a newidiadau mewn amodau glanweithdra, at newidiadau yn ein pwysau, oedran cyrraedd aeddfedrwydd, corffolaeth ac iechyd. Newidiadau o ran steil ein gwalltiau a'n dillad yw'r rhai mwyaf amlwg. Erbyn heddiw mae ailgreadau modern yn dangos ffigyrau sy'n debycach i ni o ran arweddion yr wyneb, yr olwg ar yr wyneb, a'r ystum – yn gyferbyniad i syniadau cynharach am ein hynafiaid.

De: *Catrin o Ferain, gan Adriaen van Cronenburgh (olew ar banel, dyddiwyd 1568). Mae'r portread yn cyfleu ei chymeriad grymus yn ogystal â'i phryd a'i gwedd. Mae ei llaw chwith yn gorffwys ar benglog, sy'n symbol cyffredinol o farwoldeb, ac yn arwydd hefyd bod yr arlunydd yn deall strwythur yr wyneb a'r hyn sy'n gorwedd islaw'r croen: mai siâp a manylion y benglog sy'n diffinio'r wyneb (gyda manylyn uchod o'r benglog sydd yn y portread). (Amgueddfa Genedlaethol Cymru)*

Yr hyn sy'n pennu arweddion wyneb unigolyn yw siâp sylfaenol y benglog, dyfnder y meinweoedd dros yr esgyrn, a manylion fel blew ar yr wyneb a lliw'r llygaid. Arweiniodd cydweithredu rhwng gwyddoniaeth fforensig ac archaeoleg at ddau brif ddull o ail-greu wynebau - y cyfrifiadurol a'r cerfluniol. Mae ail-greu cerfluniol yn dibynnu ar wybodaeth am y system gyhyrol a'r meinweoedd meddal. Sail y dechneg hon, y bu'r Uned Celfyddyd mewn Meddygaeth ym Mhrifysgol Manceinion yn arloesi â hi ym Mhrydain, yw'r fethodoleg anatomig a ddatblygwyd gan yr anthropolegydd o Rwsia Mikhail Gerasimov (1907–70). Bu'n gweithio ar ei ben ei hun i bob pwrpas, yn ystod y Rhyfel Oer. Daeth ei waith i amlygrwydd yn y Gorllewin yn y 1970au. Crëir cast o'r benglog ar gyfer y broses hon. Gwthir pegiau bychan crwn i mewn i dyllau a ddriliwyd mewn mannau penodol, i ddangos dyfnder y cyhyrau a'r meinweoedd. Amcenir dyfnder y meinweoedd trwy ddefnyddio data a seiliwyd ar oedran a rhyw yr unigolyn, a tharddiad grŵp hiliol yr unigolyn. Gyda'r pegiau yn eu lle, ychwanegir cyhyrau unigol a haenau o feinwe feddal. Fel arfer nid oes unrhyw awgrym o faint a siâp y clustiau, neu steil y gwallt, ond gellir rhoi rhyw syniad cyffredinol. Mae'r broses yn galw ar wasanaeth nifer o arbenigwyr, yn ddeintyddion, yn radiolegwyr ac yn enetegwyr yn ogystal ag archaeolegwyr ac anthropolegwyr yr wyneb.

Y system gyhyrol yn cael ei hychwanegu at gastiau plastr o benglogau o Lanbedr-goch, Ynys Môn. (Uned Celfyddyd mewn Meddygaeth, Prifysgol Manceinion)

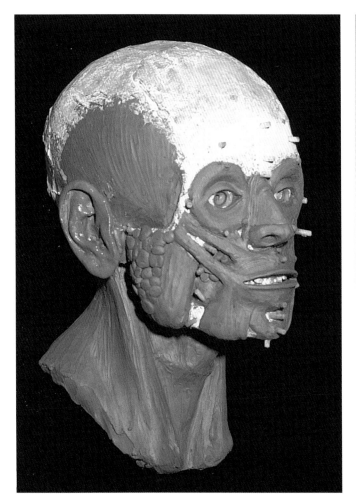
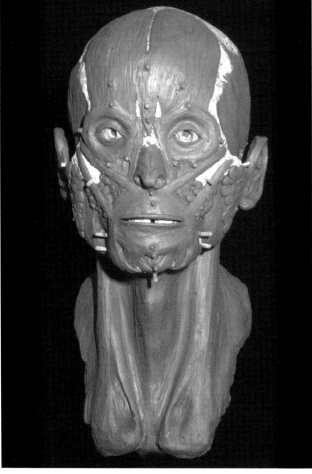

Y benglog ddynol o siambr gladdu Penywyrlod ym Mhowys. (Amgueddfa Genedlaethol Cymru)

ARLOESWR O FFERMWR O'R CYFNOD NEOLITHIG

Datblygwyd y dull cyfrifiadurol o ail-greu'r wyneb yn ystod y blynyddoedd diwethaf at ddibenion llawdriniaeth adferol. Mae Ysbyty Coleg y Brifysgol, Llundain, wedi defnyddio technegau sganio meddygol fel tomograffeg gyfrifiadurol (sganiau CT) i wneud gwaith arloesol yn y maes hwn.

Defnyddir pelydryn laser ar bŵer isel i olrhain ffurf y benglog, a chedwir y mesuriadau 3-D ar y cyfrifiadur. Byddir yn sganio amrywiaeth o wynebau o'r un oedran a rhyw â'r unigolyn perthnasol a'u cyfuno i roi wyneb 'cyffredin'. Cyfunir hwn yn ei dro gyda sgan y benglog wreiddiol, gan ychwanegu dyfnderau priodol i'r cyhyrau a'r meinweoedd mewn mannau allweddol. O ran egwyddor mae'r masg sy'n ganlyniad i hyn yn agos iawn i wyneb y person go iawn, ac mae modd ei ail-lunio. Gellir bwrw amcan ynglŷn â blew ar yr wyneb, crychau a lliw'r llygaid. Gall peiriant melino dan reolaeth cyfrifiadur hefyd dorri wyneb 3-D allan o floc o styren tyllog, caled.

Dengys manylion anatomig y benglog Neolithig hon o'r siambr gladdu ym Mhenywyrlod ym Mhowys, bod y dyn hwn tua chanol ei ugeiniau neu yn ei ugeiniau hwyr pan fu farw, tua 3500 CC. Mae'n bosibl ei fod yn dioddef rhag esgyrn brau a bod ganddo ryw haint ar groen ei ben. Roedd yn aelod o un o'r cymunedau ffermio cyntaf yng Nghymru, ac o ran pryd a gwedd roedd yn ddigon tebyg i ni.

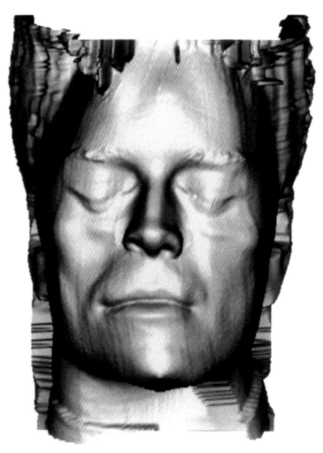

Delwedd gyfrifiadurol o wyneb Penywyrlod. (Past Forward Cyf., Ymddiriedolaeth Archaeolegol Caerefrog)

Ailgread yr wyneb ar sail y ddelwedd gyfrifiadurol. (Past Forward Cyf., Ymddiriedolaeth Archaeolegol Caerefrog)

ANGAU ANNHYMIG: DYNEIDDIO HANES

Weithiau bydd galw ar archaeolegwyr i sefydlu'r ffeithiau a'r amgylchiadau yng nghyswllt rhyw ddigwyddiad, yn yr un ffordd ag y gwneir mewn ymchwiliad fforensig i safle lle y cyflawnwyd trosedd. Mae'r broses o ddadansoddi'r hyn a ddigwyddodd yn un o ddod i ddeall mwy o dipyn i beth. Y nod yw cyfuno'r dystiolaeth o wahanol ffynonellau i roi un stori sy'n argyhoeddi.

Ym 1998–9, cafwyd darganfyddiad annisgwyl ac anodd i'w ddehongli yn yr anheddiad canoloesol cynnar yn Llanbedr-goch ar Ynys Môn. Daethpwyd o hyd i bum ysgerbwd dynol wedi'u claddu mewn ffos yn union y tu allan i fur amddiffynnol yr anheddiad. Awgrymai cyd-destun y claddedigaethau hyn a'r modd y gosodwyd y cyrff iddynt ddioddef trais, ond beth oedd wedi digwydd, a phryd? Cafwyd cyrff:

Golygfa gyffredinol o'r claddedigaethau, yn gorwedd yn llenwad uchaf y ffos, Llanbedr-goch. (Amgueddfa Genedlaethol Cymru)

- Dynes ifanc, tua 20 mlwydd oed (claddedigaeth 1)
- Merch neu fachgen yn ei (h)arddegau, tua 17 mlwydd oed (claddedigaeth 2)
- Claddedigaeth ddwbwl: taflwyd dyn, rhyw 25–35 mlwydd oed (claddedigaeth 3) yn union am ben plentyn tua 10 mlwydd oed (claddedigaeth 4). Mae'n bosib y clymwyd garddyrnau'r oedolyn y tu ôl i'w gefn; efallai iddo dderbyn ergyd i'w lygad chwith gyda gwrthrych miniog.
- Dyn hŷn, tua 35–45 mlwydd oed (claddedigaeth 5) : mae'n bosib y clymwyd ei addyrnau yntau o flaen ei gorff

Mae datblygiadau yn y dechneg o ddyddio radiocarbon (Sbectrometreg Cyflymydd Màs) yn golygu ei bod hi'n bosibl bellach i ddyddio samplau bychain o asgwrn. Defnyddiwyd y dechneg hon ar ysgerbydau Llanbedr-goch i ddangos iddynt gael eu claddu mae'n debyg yn ystod ail hanner y ddegfed ganrif. Yn y cyfnod hwn roedd Llychlynwyr Ynys Manaw yn rheoli Gwynedd i bob pwrpas, ac roedd ganddynt o

Dadansoddiad (uchod) o gynllun yr ysgerbydau (chwith) yn Llanbedr-goch; mae'r dyn (claddedigaeth 3) yn gorwedd ar ben plentyn (claddedigaeth 4). Claddwyd y ddau ar yr un pryd. (Amgueddfa Genedlaethol Cymru)

A

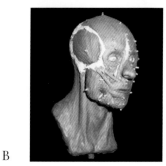

B

bosib ambell i ganolfan ar Ynys Môn. Efallai na ddown ni fyth i wybod am union amgylchiadau marw'r bobl hyn, ond mae'n bosib iddynt syrthio'n ysglyfaeth i weithgaredd milwrol y Llychlynwyr wrth iddynt chwilio am gyfoeth, ar ffurf caethweision o bosib.

Ailgrëwyd pedwar o'r wynebau gan yr anthropolegydd Caroline Wilkinson. Mae gwaith ymchwil yn awgrymu ei bod hi'n bosibl i roi darnau o benglog yn ôl at ei gilydd ac i ailfodelu'r mannau coll yn gywir iawn. Malwyd pob un o'r penglogau a gafwyd yn Llanbedr-goch, ac yn ystod y broses o'u rhoi yn ôl at ei gilydd bu'n rhaid defnyddio cwyr modelu i ailfodelu'r mannau coll. Gall anthropoleg fforensig awgrymu ym mha ffyrdd y mae ysgerbwd yn wahanol i'r arfer o ran golwg, ac am fodolaeth clwyfau. Mae'r penglogau a gafwyd yn Llanbedr-goch oll yn dangos nifer o nodweddion tebyg, gan gynnwys agennau llygaid llorweddol, rhiciau uwch ben y llygaid, cafnau amwys i'r trwynau, genau sgwâr a chlustiau adlynol (heb labedi) a chrib lydan fflat i'r trwyn. Mae rhai o'r nodweddion hyn yn awgrymu perthynas enetig rhwng perchnogion y penglogau, naill ai am eu bod yn perthyn i'r un teulu neu am eu bod yn tarddu o gyfanswm genynnol cyfyng.

C

CH

Uchod: *Gwahanol gamau yn y broses o ail-greu'r wynebau: (A) penglog dyn, 25–35 mlwydd oed (claddedigaeth 3, Llanbedr-goch), wedi ei roi yn ôl at ei gilydd, (B) y system gyhyrol ar y cast, (C) y fersiwn glai (heb y gwallt), (CH) y fersiwn gwyr. Damcaniaethol yw lliw y llygaid, y croen a'r gwallt; seiliwyd steil y gwallt ar ddisgrifiad a ysgrifennwyd rhyw 200 o flynyddoedd yn ddiweddarach gan Gerallt Gymro. (A, B Uned Gelfyddyd mewn Meddygaeth, Prifysgol Manceinion: C, CH Amgueddfa Genedlaethol Cymru)*

De: *Ailgreadigaethau wynebau (o'r chwith) claddedigaethau 3, 5, 4 a 2, Llanbedr-goch, gan Dr Caroline Wilkinson (2002) wedi eu castio mewn efydd. (Amgueddfa Genedlaethol Cymru)*

HANES BYW

Bydd unrhyw ymgais i ail-fyw y gorffennol pell yn sicr o fethu, oherwydd nid oes gennym wybodaeth na phrofiad y cenedlaethau a fu. O ystyried y cyfyngiadau sydd ar ein gwybodaeth, dim ond sylwi sut y mae pobl fodern yn ymateb i'r amgylchiadau ac i'w gilydd fedrwn ni ei wneud wrth osod pobl gyfoes mewn cyd-destun cynhanesyddol.

Peter Reynolds (o *Iron-Age Farm. The Butser Experiment, 1979*)

Mr Morgan Williams o Gastell Sain Dunwyd, a chwaraeodd ran 'Tywysog Llywelyn Fawr' ym Mhasiant Cenedlaethol Cymru (1909). Chwaraewyd rhannau'r cymeriadau hanesyddol gan aelodau o ddeuluoedd bonheddig y cylch. (C. Corn)

Iba raddau fedrwn ni ddod â hanes yn fyw? Gorwedd gwreiddiau hanes byw yn y pasiant a'r ddrama hanesyddol, a fu'n difyrru eu cynulleidfaoedd gyda chyfuniad o hanes a sbloet. Cafodd datblygiadau cymdeithasol a gwleidyddol ddiwedd y bedwaredd ganrif ar bymtheg a dechrau'r ugeinfed, fel y mudiadau a fu'n hyrwyddo addysg a llythrennedd, gryn effaith ar y darlun poblogaidd o'r gorffennol. Perfformiwyd Pasiant Cenedlaethol Cymru - y *National Pageant of Wales* - yng Nghaeau Gerddi Soffia yng Nghaerdydd, rhwng 26 Gorffennaf a 7 Awst 1909. Roedd gan y digwyddiad trawiadol hwn sgript gan yr awdur a'r anturiwr Robert Scourfield Mills ('Owen Rhoscomyl'), a chychwynnodd y 'digwyddiadau cyffrous' gyda phennod lle'r oedd Caradog yn apelio ar frenin llwyth y Silwriaid am gymorth i waredu'r tir rhag y Rhufeiniaid. Gwelodd y Prif Arolygydd Addysg bwysigrwydd gwedd addysgol y digwyddiad yn syth, a sicrhaodd bod athrawon a disgyblion o'r rhan fwyaf o ysgolion Cymru yn cymryd rhan. Trefnwyd seddi ar gyfer 60,000 o blant ysgol yn yr ymarferion terfynol dair wythnos cyn i'r Pasiant gychwyn. Seiliwyd arfwisg y Pasiant, a wnaed o fwydion papur, ar waith ymchwil gofalus ac ar y pryd ystyrid mai dyma'r casgliad mwyaf realistig o ffug-ddeunyddiau rhyfel hynafol a welwyd erioed mewn digwyddiad o'r fath. Afraid dweud i'r Pasiant lwyddo i ddifyrru'r dorf yn ogystal â'u haddysgu.

Golygfa o Basiant Cenedlaethol Cymru, gyda rhyw 500 o bêl-droedwyr amlycaf Cymru yn chwarae rhannau 'unkempt and unarmoured Welsh clansmen under their redoubtable chief, Ivor Bach' yn ymbaratoi i ymosod ar Gastell Caerdydd (OC 1158). (C. Corn)

Dyma sut y byddai pin cylchog o'r ddegfed ganrif yn cydio clogyn. Daethpwyd o hyd i binau tebyg yn yr anheddiad o gyfnod y Llychlynwyr yn Llanbedr-goch ar Ynys Môn. Aelod o'r grŵp hanes byw Cwmwd Iâl sy'n gwisgo'r replica hwn.

Y gegin ganoloesol yn Nhretŵr, Powys, sy'n dangos i'r cyhoedd pa fath o fwydydd a baratowyd, o bosib, rhyw 500 mlynedd yn ôl.

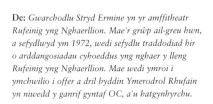

De: *Gwarchodlu Stryd Ermine yn yr amffitheatr Rufeinig yng Nghaerllion. Mae'r grŵp ail-greu hwn, a sefydlwyd ym 1972, wedi sefydlu traddodiad hir o arddangosiadau cyhoeddus yng nghaer y lleng Rufeinig yng Nghaerllion. Mae wedi ymroi i ymchwilio i offer a dril byddin Ymerodrol Rhufain yn niwedd y ganrif gyntaf OC, a'u hatgynhyrchu.*

Cymdeithas y Cwlwm Cêl (1967) oedd un o'r cymdeithasau cyntaf i arddel y bwriad o ail-lwyfannu brwydrau'r gorffennol. Bellach mae sawl grŵp o'r fath yn bod, fel Ffederasiwn Rhyfel y Rhosynnau, Cymdeithas Rhyfel Cartref Lloegr a'r Gymdeithas Napoleonaidd, ac mae eu diddordebau'n cynnwys y gwrthdaro a fu rhwng gwahanol garfanau wrth iddynt ymgiprys am rym mewn gwahanol gyfnodau. Mae aelodaeth cymdeithasau hanes byw a grwpiau ail-greu wedi cynyddu yn ystod y blynyddoedd diwethaf, law yn llaw â chynnydd yn niddordeb y cyhoedd mewn hanes cymdeithasol yn hytrach na hanes gwleidyddol. Bydd aelodau o'r grwpiau hyn yn hel gwybodaeth o wahanol ffynonellau er mwyn ail-greu mor gywir â phosibl wisgoedd ac offer y gorffennol, ac yn aml byddant yn defnyddio'r un deunyddiau a dulliau i'w llunio. Gall hyn fod yn fodd i ateb cwestiynau ymarferol a godir gan archaeolegwyr, ac mae'n chwarae rhan bwysig wrth gywiro camsyniadau am y gorffennol. Mae eu harddangosiadau cyhoeddus yn cynnig ffurf werthfawr ar archaeoleg arbrofol. Mae modd rhoi prawf ar wisgoedd ac offer, ac arddangos gweithgareddau sydd wedi hen fynd dros gof, fel paratoi lampiau gwêr, defnyddio planhigion a llysiau i lifo defnydd, neu ysgrifennu ar dabledi cwyr. Mae ymdrechion y selogion cynnar wedi bod o gymorth i'w holynwyr sy'n awyddus i adfer hen sgiliau, ac mae'r galw am eu cynnyrch wedi cynyddu, gan alluogi rhai i gyflogi 'prentisiaid', a thraddodi eu sgiliau traddodiadol. Fel y mae llawer i sylwebydd wedi nodi, nid peth hawdd yw ail-greu'r gorffennol yn y presennol, ac ni waeth pa mor wych y'i gwneir, ni all fod yn gwbl gywir. Mae pen draw ar ein gallu i ail-fyw'r gorffennol, fel y gwelir mewn aml i broject a ddarlledir ar y teledu.

Isod a chwith: *Ail-lwyfannu Brwydr Sain Ffagan
(1648) yn yr Amgueddfa Werin, Sain Ffagan (1998).
Mae'r perfformwyr hyn yn perthyn i Gymdeithas
y Cwlwm Cêl, un o'r grwpiau ail-greu cyntaf a
ffurfiwyd, ym 1967. Adeg y 'mwstro' cyntaf, roedd
y gwisgoedd yn ddyfeisgar, er nad yn hanesyddol
gywir (iwnifform o felfed ffug, botias rwbwr wedi'u
hailgylchu a pheli tennis yn lle peli canon) ond wrth
i'r gymdeithas dyfu, mae eu gwisgoedd a'u harfwisg
bellach yn dangos ffrwyth gwaith ymchwil gofalus
ac yn cael eu gwneud gan grefftwyr arbenigol.*

Dyfodol ein Gorffennol

Dylai datblygiadau technolegol newydd ei gwneud hi'n haws i gysoni'r newidiadau a ddaw mor sydyn ar sodlau darganfyddiadau ym maes ymchwil gyda'r syniad cyffredinol am ein gorffennol, sy'n dueddol o newid yn arafach. Yn y dyfodol efallai y byddwn yn medru deall yr hyn na fedrwn ei ddeall yn awr, a bydd technoleg gyfrifiadurol yn ei gwneud hi'n haws i gyflwyno'r wybodaeth newydd yma.

Mae defnydd cynyddol ar ddulliau di-destun o gyfathrebu fel CD-ROMau, fideos sgrîn-gyffwrdd, animatroneg ac ailgreadau 3-D rhithwir. Bydd meddalwedd gyfrifiadurol mwy soffistigedig yn ei gwneud hi'n haws i gwestiynu a diweddaru'r delweddau a grëir, ac i gynnig dehongliadau newydd neu amgen.

Bydd ein hailgreadau o bobl yn dod yn gywirach ac yn gywirach. Bydd gwybodaeth newydd ar drwch meinweoedd meddal ar gyfer amrywiaeth eang o deipiau hiliol yn arwain at ail-greu wynebau'n fwy manwl, yn arbennig gan fod modd bellach i gael data gan bobl fyw. Mae rhai amgueddfeydd wedi cynnwys ailgreadau o wynebau yn rhan o'u dioramâu maint-llawn, gan gryfhau'r ddadl wyddonol dros arddangosiadau gweledol o'r fath. Rydym wrthi'n datblygu cerflunio realiti rhithwir, hyd yn oed, sy'n cynnig y posibilrwydd o animeiddio wynebau a ailgrëwyd.

Bydd amrywiaeth yr efelychiadau maint-llawn yn dal i ehangu, gan gynnwys 'ecoamgueddfeydd' sy'n ceisio dehongli'r dirwedd gyfan trwy ganolbwyntio ar y berthynas rhwng pobl a'u hamgylchfyd, hyd at barciau archaeolegol a fydd yn galluogi'r cyhoedd i 'brofi' mannau hanesyddol. Yn yr un ffordd ag yr oedd paentio hanesyddol y 19eg ganrif yn galluogi'r cyhoedd yn wyrthiol i 'weld' ac i werthfawrogi delweddau o'r gorffennol, bydd datblygiadau o ran yr amrywiaeth o dechnegau o gyflwyno a dehongli yn rhoi gwybod i ni am orffennol a fydd yn parhau i'n synnu, ein difyrru, ein haddysgu a'n hudo.

Ail-gread o'r cwch naddwyd o foncyff o 1925 o Lyn Syfaddan gyda'r crannog yn y cefndir (1993). (Amgueddfa Genedlaethol Cymru)

Crannog Llyn Syfaddan, Powys, tua OC 900, ar sail y gwaith cloddio ym 1989–93. Mae'r cwch a naddwyd o foncyff yn gopi o'r un a gafwyd yn y llyn ym 1925. Mae'r montage hwn gan Tony Daly (2001) yn defnyddio meddalwedd gyfrifiadurol i gyfuno darluniau llinell wedi'u sganio gyda ffotograffau. (Amgueddfa Genedlaethol Cymru)